Reinhold Urmetzer

Die Spur auf der Fläche

Der Komponist Wolfgang Rihm
im Gespräch

Die Spur auf der Fläche
© 2019 by Musica Mundana Musikverlag GmbH

MCH 580001
ISBN 978-3-9524974-0-1

Druck: Plöchl Druck GmbH, A-4240 Freistadt

„Bilde, Künstler! Rede nicht! / Nur ein Hauch sei dein Gedicht"

Mit eilfertiger Vorliebe haben deutsche Bildungsbürger der ersten Hälfte von Goethes Diktum akklamiert – als barsche Aufforderung: Das Genie möge sich gefälligst dem Schaffen ewig gültiger Meisterwerke widmen, am besten (wie) in Stein gemeißelt. Reflexion, gar Verbalisierung seien dem Höhenflug nur hinderlich. Verdrängt indes wurde der Nachsatz: Bekenntnis zum auch und gerade Immateriellen des Kunstwerks. Gleichwohl hat Goethes isolierter Satz verhängnisvoll das Nachdenken über Kunst tabuisiert. Doch gerade zur Musik gehört, schier siamesisch, das Wort: Tonsprache, Notenschrift, ja der Spiegel-Begriff Musik-Sprache/Sprach-Musik. Und ob Lied, Oper, Oratorium, Schauspiel, Melodram, Film – stets wurden Texte „vertont" oder programmatisch integriert.
Nicht minder arbeiten Musiker zweigleisig, artikulieren sich in Partituren wie in Schriften: Essays, Autobiographischem, Ästhetik wie Polemik. Dabei gibt es den wenig wort-affinen Typus und den des homme des lettres. Von Chopin, Mussorgski, Bruckner, selbst Brahms, auch Varèse, existieren, von Briefen abgesehen, kaum explizite Selbstdarstellungen, gar übergreifende Statements zu Zeitfragen. Hingegen Grétry und Berlioz, Schumann, Liszt und Wagner, sogar der hyper-deutsche Pfitzner, erst recht Debussy und Busoni haben unablässig in eigener Sache wie in allen möglichen Zusammenhängen Stellung genommen, Kritiken, Manifeste und Pamphlete verfasst. Von Stockhausen (17 Bände) wie Kagel, Lachenmann und Zender liegen zahlreiche Schriften verschiedenster Art vor.

Vor allem aber dürfte Wolfgang Rihm als medialer Doppel-Stratege der Klang- wie Wort-Welt herausragen. Zumal er gleichermaßen die gesprochene und die gedruckte Aggregat-Form des Verbalen liebt: „Liebe" durchaus freudianisch als „libido"-Besetzung verstanden: Reden und Schreiben als unbezähmbaren Drang, sich auszudrücken. So wie Schönberg an Mahler rühmte: „…, dass er das Größte gekonnt hat, was ein Künstler können kann: sich ausdrücken." Dementsprechend sind Gespräche mit ihm überaus lustvoll, zumal wenn es nicht nur um Musik geht, sondern nicht minder um Literatur, Bildende Kunst, Film, Philosophie. Wie wenige hängt er an der romantischen Utopie einer einzigen, wahren „Universal-Kunst", die sich in die verschiedenen Medien und Gattungen auffächert. Rihms Wort-Faible freilich manifestiert sich in außerordentlich konzentriertdistrikter Weise. Natürlich hat es immer wieder Interviews mit ihm gegeben, doch das übliche Frage-Antwort-Ping-Pong war seine Sache nicht. Weitaus produktiver, nicht zuletzt für ihn, waren ausführliche Gespräche, also Dialoge – also nicht Monologe über hingeworfene Stichworte.

Mit dem Stuttgarter Musik-Publizisten Reinhold Urmetzer hat er schon 1985-87 ausführliche Diskurse geführt: „Offene Stellen – Abbiegen ins Andere", veröffentlicht in Urmetzers Rihm-Monographie 1988 sowie im zweiten Band der Rihm-Texte (1997). Zwischen Oktober 2015 und Oktober 2016 haben sich Rihm und Urmetzer für fünf längere Gespräche in Karlsruhe und Berlin getroffen, deren letzte Überarbeitung im Januar 2018 stattfand.

Nun also, dreißig Jahre später: „Die Spur auf der Fläche". Ebendiese hat Rihm definiert als „eine Klangfläche ..., auf der sich eine Spur, ein Zustand, eine horizontale Bewegung eingeschrieben hat ... eine Fläche, die sich durch uns beide erst erstellt ... Sie wird in dem Moment, wo wir aufeinandertreffen, durch dich und mich erst gebildet. Auf dieser Fläche bewegen wir uns ... als eine Art polyphoner Zeichnung." Rihmsche Werk-Titel wie „Chiffre" oder „IN-SCHRIFT" kommen einem in den Sinn – auch in dem eines dreidimensionalen Mäanderns. Solches Sich-Verändern, gar, bei aller wohlkalkulierten Sprunghaftigkeit, mitunter schier spiralhaft permanente Wiederkehr des doch immer wieder ganz Anderen, macht die Qualität dieser Diskurse aus. Das heißt nichts anderes, als dass zumindest ähnliche Themen in stets neuen Perspektiven, Färbungen und Beleuchtungen erörtert werden; dass der Komponist und Musik-Denker Rihm Auskunft über sich selbst gibt: über seine Konstanten wie Varianten, ästhetischen und übergreifenden Strategien, auch Obsessionen und Aversionen. Wobei mit gutem Grund Privates ausgespart bleibt. Und sicher wäre ihm die wundervolle Definition von Roland Barthes aus dem Herzen gesprochen: „Lieber die Truggebilde der Subjektivität als der Schwindel der Objektivität."

Natürlich haben sich in dreißig Jahren die Welt wie Rihm vielfältig gewandelt. Zum Monolithen taugt er nicht. Und der Duktus der neueren Gespräche ist entspannter, gelassener, großzügiger selbst ihm konträren Phänomenen gegenüber. Doch der Anti-Dogmatismus, Anti-Technizismus bleibt ein Kontinuum. Er beharrt auf seinem individuellen Impuls-Drang, dem Zwang, unbekümmert um orthodoxe Rezepte seine ganz eigenen Werk-Welten zu kreieren. Wobei er die Bedeutung des „Metiers", der Verfügungsgewalt über die technischen Mittel mitnichten geringschätzt. Wobei ihm der demiurgische Anspruch nicht fremd ist: Wohl aber wird er elegant mit der skurrilen Pointe des Malers Sigmar Polke ironisch entmythologisiert: „Höhere Mächte befahlen: Linke obere Ecke schwarzmalen!" An kosmischer Megalomanie ist ihm nicht gelegen, mystagogische Selbstfeier seine Sache nicht.

Insgesamt ist er noch toleranter geworden; obschon ihm ohnehin generell ein geradezu hyperkatholischer musikalischer „Geschmack" zu eigen ist. Nicht nur kennt er unermesslich viel Repertoire, historisch wie aktuell, sondern er hat auch ein weites Herz für die sich allzu oft unselig aufschließenden Extreme: liebt er doch gleichermaßen Pfitzner und Busoni, Sibelius und Varèse, um nur einige obligate „No Go"-Paarungen zu nennen. Nicht wenige Vorbehalte sind unverändert: „Politisierte", linke Kunst, Übermaß an Komplexität oder Technifizierung, der Glaube an Computer und Internet, Rock wie Minimal Music finden kaum seinen Beifall. Doch versteigt er sich nicht zu pauschalen Bannflüchen, beharrt eher freundlich auf seiner Autor- und Werk-Ästhetik, lässt davon radikal abweichende Tendenzen auch dann gelten, wenn seine Kunst-Vorstellungen diametral sind.

Eines aber ist er auf keinen Fall: ein ästhetischer Bilderstürmer, der Tradition, die bedeutenden Komponisten der Vergangenheit und deren überragende Werke am liebsten entsorgen würde. Da ist er im besten Sinne konservativ, doch nicht im mindesten reaktionär. Gegen gesellschaftlichen Fortschritt lässt er sich nicht vereinnahmen. Und kulturpessimistischen Kassandra-Rufen: wie doch heutzutage alles verfiele, und um wie vieles besser früher das meiste gewesen sei, widerspricht er energisch. In der Spannung zwischen Produktion und Reflexion, lebendiger Vergangenheit und vitaler Gegenwart hält er eine stabile, doch alles andere als starre Position. Die Gespräche mit Reinhold Urmetzer dokumentieren dies höchst anschaulich, unbedingt lesenswert.

Gerhard R. Koch

Vorwort

Wolfgang Rihm ist in großen Teilen der Gesellschaft, was die klassische Musik und das Opern wie Konzertleben betrifft, ein anerkannter und oft aufgeführter Komponist, weltweit. Ein richtiger Star. Es lohnt sich in vieler Hinsicht, ihn kennenzulernen, seine Art des Sprechens, des Denkens, die Welt des Schöpferischen und Gestaltenden allgemein.

Machen wir ein Buch für Normalsterbliche, habe ich zu dem Komponisten gesagt. Für solche Menschen, die an Musik interessiert sind, sich aber nicht als Fachleute verstehen. Denen auch das abstrakte Denken und Kunst allgemein fremd bleibt. Gerade die Jugend hat wieder ein großes Bedürfnis nach Denken, Nachdenken, gelebter Geschichte und Hintergrund. Eine oberflächlich nur auf kurze Mails und Mitteilungen reduzierte Kommunikation – sie reicht nicht mehr aus, um sinnvoll schaffen, um sinnvoll leben zu können.

Die fünf Gespräche mit dem Komponisten sind in der Zeit vom 7. Oktober 2015 bis zum 25. Oktober 2016 in Karlsruhe entstanden. Das vierte Gespräch hat im September 2016 in Berlin stattgefunden anlässlich der „Tutuguri"- Aufführung zur Eröffnung des Berliner Musikfestes. Eine letzte Überarbeitung des Manuskripts fand im Januar 2018 statt.

Ostende/Belgien, 18. Februar 2018

Quelle réalité, Papa?
Régis Franc

Unser Buch heißt „Die Spur auf der Fläche". Auf welcher Spur bewegen wir uns?

Wenn ich ein solches Bild gebrauche, dann stelle ich mir akustisch eine Klangfläche vor, auf der sich eine Spur, ein Zustand, eine horizontale Bewegung eingeschrieben hat.

Sprachlich: Auf welcher Fläche bewegen wir uns, wenn wir hier zusammensitzen und reden?

Das ist eine Fläche, die sich durch uns beide erst herstellt. Sie existiert nicht vorher. Sie wird in dem Moment, wo wir aufeinandertreffen, durch dich und mich erst gebildet. Auf dieser Fläche bewegen wir uns.

Ist diese Fläche zwei- oder dreidimensional?

Vor, zurück, rauf und runter – es geht eigentlich vieles.

Welche Spur wird gelegt, wird gesucht, gefunden?

Die Spur ist die Fortbewegung, die wir auf dieser Fläche uns erlauben. Mal kommst du mir entgegen, mal renne ich von dir weg, eine richtige Polyphonie. Auf ein Gespräch bezogen ist es nicht immer nur eine Spur, ich empfinde es auch als eine Art polyphoner Zeichnung.

Diese Spur führt bei mir in die Wüste, zuerst spurlos. Man geht hinein in das Unbekannte und bildet dadurch eine Spur; vielleicht findet man dann auch eine neue.

Dieses Bild habe ich nicht, weil für mich Flächen schon immer etwas durch Spuren Beschriftetes sind. Die Vorstellung, in eine Terra incognita hineinzugehen, ist mir fremd, weil dieses unbekannte Land eigentlich etwas wäre, das wir durch unsere Spuren imaginieren und nicht, was wir betreten und dann Spuren hineinsetzen. Für mich schon. Für mich ist dieser Bereich, diese Begegnung mit dir, überhaupt immer und mit welchem Menschen auch immer, ein unbekanntes neues Land. Du bist das unbekannte Land. Das Denken, Sprechen, deine Handlungen, Tätigkeiten sind mir meist neu. Auch fremd, wie oft alles um mich herum mit seinen Menschen und seiner Welt.

Das ist nicht negativ, sondern gerade das Spannende daran. Ich fliehe nicht davor, sondern im Gegenteil, es gefällt mir. Ich begegne dieser Fremdheit gerne, weil ich immer wieder etwas Neues dabei kennenlerne. Die Spur auf der Fläche ist für mich deshalb ausgesprochen positiv, auch im Gefühlsmäßigen. Ich mag das Spurenlegen, das Spurenfinden, anderen Spuren nachzugehen.

Was Fläche jedoch in unserer Begegnung bedeuten könnte, das weiß ich noch nicht so recht. Was mag Fläche in unserem Zusammenhang bedeuten, ob es eine journalistische Neugierde ist, das Ausforschen, Kennenlernen?

Fläche ist flach. *(Lachen)*

Nein. Fläche ist für mich das Leben, in dem man sich bewegt. Vielleicht, wo die Spuren sich auch selbst bilden – im Leben, in der Welt, im Ich.

Eine Morphologie des Auf und Ab, des Hoch und Tief. Flach ist es jedenfalls nicht in dieser Fläche.

Nein. Gerade nicht so wie die Fläche hier auf dem Tisch vor uns.
Vor Jahren haben wir in Baden-Baden anlässlich eines Festivals zum 60. Geburtstag für Pierre Boulez mit dieser Interview-Reihe begonnen, ein Gespräch damals für die Berliner „taz". Wollen wir diese Gesprächsreihe nun fortschreiben? Es soll über Kunst und Leben und Gegenwarts-Musik gehen.

Es ist keine Frage des Wollens. Es wird. Wir reden und dann wird es das. Wir können uns ja nicht bloß entschließen, das Naheliegende zu tun – wir tun das Naheliegende.

Wir könnten natürlich sagen: Nein, wir machen es nicht, wir schließen uns nicht an diese vergangene Zeit an, wir schließen sie aus und bleiben nur in der Gegenwart. Ich würde trotzdem gerne den Bogen zurückfinden.

Das entspricht auch meinem Denken und Fühlen. Ich kann mich nicht von meiner Vergangenheit abschneiden.

Daraus ist damals schon ein Buch geworden.[1]

---

[1] Wieder abgedruckt in: Wolfgang Rihm, „ausgesprochen" - Schriften und Gespräche (2 Bände)1998

Ich habe es mir wieder vorgenommen und festgestellt, dass es gut gealtert, also immer noch interessant und lesbar ist. Für mich auch ein Kriterium von Kunst. Beispiel Architektur: Dass du die Häuser auch viele Jahre später immer noch schön, ansprechend und gut findest. Manche sind schon nach zwanzig Jahren langweilig.

Das trifft auch für Musik zu.

Dass fast alles vom damals Gedachten und Geschriebenen immer noch so stehen bleiben kann, wie es geschrieben und gesagt worden ist. Auch wenn vieles anders geworden ist. –
Ich will dir auch von anderen Gesprächen berichten, Interviews, die ich mit Helmut Lachenmann, François Lyotard, Olivier Messiaen, Niklas Luhmann geführt habe, und deine Meinung darüber hören. Bist du einverstanden?

Gern.

Ich bin sehr froh und es passt gut, dass ich jetzt im Zusammenhang mit unserem Gespräch bei einem Musikstück von dir auch mitten drin sein durfte, von der Probe bis zur Aufführung. Dass nicht alles immer nur so abstrakt sich abspielt und besprochen wird von uns, sondern dass es auch konkret wird.[2]
Was hat sich Wesentliches für dich seit der „Tutuguri"-Zeit geändert?

Mit dem „Was" sind wohl die Lebensumstände gemeint, oder? – Meine eigene Lebenssituation hat sich sicher dahingehend geändert, dass die Schaffens-Voraussetzungen gleichgeblieben sind. Die Gelassenheit, mit der ich die Ergebnisse beziehungsweise deren Wahrgenommen-Werden betrachte, die hat jedoch zugenommen.

Interviews mit Luhmann und Lyotard habe ich mit der Frage begonnen: Sind Sie ein postmoderner Philosoph? – Bist du ein postmoderner Künstler?

Der Begriff „Postmoderne" kommt mir so antik vor. Er steht für eine Verortung, als sei er im Besitz einer Zeitenfolge oder eines Wissens um die Zeitenfolge. Ich könnte schon „Moderne" nicht lokalisieren, hier beginnt die Moderne und hier hört sie wieder auf. Der Begriff „Postmoderne" kommt mir so ungegenwärtig

---

[2] Mit einer konzertanten Aufführung von Wolfgang Rihms monumentalem und abendfüllendem Jugendwerk „Tutuguri" wurde das Musikfest Berlin am 5. September 2016 eröffnet. Es spielte das Bayerische Symphonieorchester unter der Leitung von Daniel Harding.

vor, weil er in der Gegenwart wohl keine größere Diskussion erfährt. Mit diesem Begriff kann ich also nicht umgehen, ein solches Denken ist mir fremd.
Ich kann es nicht nachvollziehen, in wessen Interesse es wäre zu wissen: Wann ist jetzt prae, wann ist post?

Im Interesse der Historiker.

Der Historiker, ja. Aber sind die Historiker die Haupt-Rezipienten von Kunst? Was nützt es einem Hörer, wenn er hört, er befinde sich jetzt im Zeitalter der Postmoderne? Der Hörer operiert zumindest im Wunschbild von Musikproduzenten auch mit solchen Dingen. Jetzt wird als Klassik verkauft, zu der gegenwärtig und mittlerweile alles gehört, was irgendwie zwischen 1324 und 2016 komponiert wurde. Das alles ist Klassik. Oder genauer: „Classic".
Wenn du in einen Schallplatten-Laden gehst, Schallplatten gibt es auch nicht mehr, also du gehst in ein Tonträger-Geschäft, da hast du eine Abteilung von vier Regalen „Klassik", und dann hast du 94 Regale mit sehr spezifischen Ausprägungen der Popwelt, die man in vierzehn Tagen schon nicht mehr kennt mit ihren neuen Einteilungen.
Du liebst den Begriff „Postmoderne", o. k. Ich lehne ihn nicht ab, ich kann nur nicht mit ihm operieren.

Im Denken, in der Philosophie ist er m.E. ein wichtiger Begriff. Aber nicht für die Deutschen oder die deutsche Kultur; wir sind hier anders. Doch die Franzosen, die Amerikaner, Japaner, sie fangen sehr viel mit diesem Begriff an. Wir sind durch die Aufklärungs-Debatten („Aufklären über die Aufklärung" nach Habermas) und die Tradition des Rationalismus in eine antithetische Richtung zu dieser neuen Welt samt ihrer neuen Politik gedrängt worden. – Aber es ist nicht so wichtig.

Doch, es interessiert mich! Die Begeisterung, mit der diese Begriffe a) begrüßt und b) abgelehnt werden. Ich kann sie durch meine eigene Arbeit in keinster Weise fassen. Man wird jedoch von Menschen, die sich mit diesen Begriffen befassen, immer wieder danach gefragt. Deshalb möchte ich schon wissen, was das eigentlich meint.

Ich kann mit dem Begriff Postmoderne sehr viel anfangen, ich sehe mich auch als ein postmoderner Zeitgenosse. Im Denken, im Schreiben, in der Kunst. In der Musik jedoch wirkt dieser Begriff nicht. Es gibt für mich keine oder besser noch keine postmoderne Musik.

Nein, das gibt es tatsächlich nicht.

Ein postmodernes Denken gibt es jedoch. Unterschwellig lebt es auch sehr stark in Deutschland. Vielleicht sogar hierzulande mehr im Osten als im Westen. Ich habe es in den USA kennengelernt. Ich war in Kalifornien in Los Angeles (Irvine) anlässlich einer Veranstaltungsreihe des Deutsch-Amerikanischen Instituts über Presse und Kultur dort, in einer Universität, wo Derrida eine Zeitlang unterrichtet hat. Auch die anderen mich sehr beeindruckenden Franzosen, Baudrillard und Lyotard, waren Gastprofessoren in Kalifornien. Lyotard zum Beispiel in San Diego. Sie alle haben sich von dem damaligen kalifornischen Lebensstil beeinflussen lassen und ihn wiederum auch selbst mit ihrem Schreiben beeinflusst.

Umberto Eco war jedoch einer der ersten, der allgemein ästhetisch und nicht nur auf die Literatur bezogen vom Ende der Avantgarde geredet hat. Die Vorhut (Avantgarde) sei zur Nachhut (Arrièregarde) geworden.
Ist die Avantgarde tatsächlich an einem Ende? Was denkst du darüber?

Das Avantgarde-Bewusstsein ist sicher nicht mehr prägend für heute schaffende Musiker. Es war früher eine Notwendigkeit, um klar zu machen, dass man einen Herrschaftsanspruch stellt, also eine Deutungs-Hoheit darüber beansprucht, was geschieht.

In welchem Bereich?

Im Bereich der komponierten Musik.

Doch mehr noch im Bereich von Politik und Philosophie! Die Kritik am Marxismus, Stalinismus etc. ist doch wesentlich ausgegangen und dominiert worden von den französischen Philosophen. Wir sind die Vorhut der Arbeiterschaft, wir sind die Avantgarde im Auftrag des Weltgeistes. Das war doch der Anspruch der ideologischen Vordenker viele Jahrzehnte lang. –
Glaubst du, Arnold Schönberg hat sich als Avantgardist gesehen?

Nein. Aber nach dem Zweiten Weltkrieg war ein starkes avantgardistisches Habit notwendig, um sich abzugrenzen. Auch was das Hören betrifft. Künstlerfiguren wie gerade Schönberg wurden schon zu Lebzeiten als vollkommen abgehobene Avantgardisten, andererseits jedoch als vollkommen abgelebte Vergangenheitsrepräsentanten empfunden.

Gerade in der Musik ist diese Doppeldeutigkeit sehr verbreitet. In den zwanziger Jahren, als die Avantgarde das war, was später dann als „Neoklassik" bezeichnet wurde, hat man an Schönberg „abgelebte Gefühle" oder alte romantische Haltungen kritisiert.

Du hast einmal geschrieben, die Moderne sei für dich überlebensnotwendig. Immer noch?

Das kommt auf den Zusammenhang des Zitates an. Wenn ich reduziert werde auf das, was vor vielen Jahren wohl akut war, auf jemanden, der ein Rad zurückdrehen möchte, so bin ich damals von Kritikern ja interpretiert worden, so hat das mit meinem Selbstverständnis überhaupt nicht übereingestimmt. Es ist wichtig zu betonen, dass das mir viel bedeutet im Zusammenhang mit einer Filiation. Mir bedeutet jedenfalls das eigene Werden oder Gewordensein, das sich von dem, was Moderne heißt, her schreibt, sehr viel.

Festschreibt, fortschreibt?

Her schreibt, nicht festschreibt. Das ist etwas, was meiner Vorstellung von künstlerischer Arbeit entgegensteht, also dieses Fixieren auf einen Punkt, auch das Einrahmen, das Begrenzen, Definieren eines Stils.
Wenn ein Autor das Zeitliche segnet und sein Werk liegt vor, dann kann man das Werk betrachten und meinetwegen daraus eine Stilsuche ableiten. Aber wenn das ein Künstler selber macht, ist das immer verhängnisvoll.

Gibt es so etwas wie Fortschritt in der Musikentwicklung?

Es gibt ein Fortschreiten, aber den Begriff des Fortschritts weise ich als mir fremd zurück. Das heißt, ich kann ihn gar nicht zurückweisen, weil ich noch nicht einmal weiß, was er bedeutet.

Also mit Beschleunigungs- oder Entschleunigungs-Theorien kannst du nichts anfangen?

Als relative Durchgangsformen könnte ich etwas damit anfangen. Als etwas Transitorisches. Dass es durchaus Phasen gibt, wo sich etwas beschleunigt und Phasen, wo sich etwas entschleunigt. Verlangsamt.

Ich meine es nicht nur musikalisch im Sinne eines *accelerando* oder *ritardando*, sondern auch im Sinne einer Material-Entwicklung. Es gibt Komponisten, deren Entwicklung in einem ganz anderen Bereich liegt als im Bereich der Material-Exposition. Bei Mozart etwa entwickelt sich das Ganze zu einer ungeheuren Tiefe, es ist eher sogar „retardierend", regressiv. Es bezieht sich auf Früheres, aber das Ganze ist ein derartiger Wurf in die Zukunft, weil es derartig voll mit Erfahrung, mit menschlicher Erfahrung ist. Daraus enthält Mozarts Musik ihre Tiefe.

Und bei Bach?

Bei Bach entsteht eine Art Homöostase zwischen Material-Entwicklung und Ausbreitung des Werkes. Bach ist in Vielem sehr summierend. Er hat einige Werke geschaffen, die er eigentlich als Summa angesehen hat, etwa die h-Moll-Messe, die wie ein Werk aus Werken komponiert ist, als die Summe der Erfahrungen eines Komponisten, des Könnens, des Wissens, in der Kontrapunktik – es entwickelt sich einfach alles! Es gibt nur zwei Stücke, die für dieses Werk neu komponiert worden sind. Alle anderen Werke waren ja bereits vorhanden. Bach hat sie in einen neuen Zusammenhang integriert und dadurch mehr oder weniger charakteristisch umgeformt als zeitgenössische Stilformen. Was ganz charakteristisch ist bei Bach, er fügt sehr viel zusammen – englische, französische, italienische Schreibweisen, die führt er zusammen eigentlich zu einem europäischen Stil.

Machst du das auch, Schreibweisen studieren, integrieren, kopieren?

Studieren ist vielleicht ein zu hochstaplerischer Begriff. Ich nehme sie wahr. Studieren hieße, sich wissenschaftlich damit auseinanderzusetzen. Das ist mir nicht gegeben, weil ich den Apparat dazu nicht habe und, ich gestehe es gerne, von einer schöpferischen Ungeduld bin. *(Lachen)*
Ich nehme etwas wahr und beantworte es. Ich habe das Gefühl, dass Kunst auch entsteht, indem sie auf andere Kunst antwortet. Und dieses Antworten halte ich für sehr produktiv. Es geht nicht um ein Kopieren, sondern um ein Hinzusprechen. Eigene Texte, Noten, Notizen oder Bemerkungen zu etwas hinzufügen und daraus einen neuen Kontext zu gestalten.

Du antwortest auch gerne auf dich selber? Das erste Werk geht in das zweite Werk über –

Auf jeden Fall. Das bedeutet ja nicht, dass ich beim Beantworten gänzlich häuslich bleibe, ich bin ja auch sehr gern aus-häusig.

Kannst du einen Ort, ein Haus nennen, wo du dich befindest?

Die Wahrnehmung ist schon sehr weit gestreut. Seit Jahren antworte ich sowohl in die Geschichte als auch in die Gegenwart hinein. Ich möchte jetzt nicht durch Namensnennung bestimmte Antwort-Empfänger in Verruf bringen. *(Lachen)*

Das muss nicht nur negativ, es kann doch auch positiv sein. Ob du dich von einer allgemeinen Ästhetik beeinflussen lässt, ob du nur in der Musik bleibst oder vielleicht auch in der Mathematik beim Komponieren… Ob es etwas Geistiges gibt, ein Denken, das dich beim Komponieren leitet wie andere Künste auch, das frage ich.

Wenn ich auf etwas musikalisch antworte, dann nicht so, dass mich dieses direkt leiten würde, sondern es leitet mich mein Antwort-Trieb. Zum Beispiel: Minimalistische Kunst nehme ich ja nicht nur wahr als etwas mir Entgegengesetztes, sondern auch als etwas Herausforderndes, dem zu antworten sich allemal lohnt. Oder die Wahrnehmung von konzeptuellen Erscheinungen. Solche Dinge, die ich mir nicht anverwandle, sondern die ich beantworte, ohne dass dies auf der Verpackung stehen würde. Ich gebe nicht Dinge heraus, die unter dem Stichwort „Antwort auf" benannt werden könnten.

Wird die andere Seite spüren, dass es eine Reaktion von dir gewesen ist?

Das weiß ich nicht, das kann ich manchmal auch nicht spüren.

Das geht mehr intuitiv?

Du nennst den Zentralbegriff: Intuition.

Das wäre also die Trieb-Feder deines Arbeitens.

Zumindest das, was mich leitet.

Die Triebfeder, antworten zu wollen.

Es bewirkt das Verorten der eigenen Lage. Das ist auch Selbst-Reflexion. Das kann auch Selbst-Kritik sein oder Selbst-Verdruss – ich weiß es nicht so genau. Es gibt ja alle Formen, es ist nicht nur die Selbst-Feier, die zur Debatte steht. *(Lachen)*
Wenn ich, salopp ausgedrückt, etwas dahingestellt habe, kann ich jedenfalls nicht dabei stehen bleiben und mich davon nähren.

Was hältst du von dieser Position: Nur dann sei eine Musik gut, wenn das Publikum protestierend und schimpfend aus dem Raum geht. Nur das bewirke einen Bewusstseinsbildungsprozess, einen Akt der Reflexion, der notwendig sei bei zeitgenössischer Kunst.

Das ist eine metaphorische Sichtweise, die hier in ein Bild gebracht wird. Das Akklamieren des Publikums kann auch eine Art Schimpfen sein. Diejenigen, die einem zu einer Aufführung gratulieren, sind oft auch diejenigen, die den Schimpf-Dolch im Gewande führen. Ohne dass ich jetzt deswegen in ein negatives oder von Verschwörungstheorien geprägtes gesellschaftliches Umfeld mich gesetzt sehen will.

Akklamation kann auch eine Form der Annahme-Verweigerung sein.

Sicher. Das ist mir auch bekannt.

ಎಐ

Gibt es einen Philosophen, der dich beeinflusst hat? Den du schätzt, den du magst? Es gibt manchmal solche Begegnungen, Beziehungen von Kunst und Philosophie.

Ich habe die Bücher von Peter Sloterdijk immer sehr gerne gelesen. Ich weiß nicht, ob sich daraus ein Einfluss ableiten lässt. Es sind aus allen seinen Schriften immer wieder Funken in mein Denken übergesprungen. Ich lese auch alles, was es von Botho Strauß gibt, weil ich ihn sehr schätze; im Funkenflug seiner Gedanken und Tonfälle.

Welches Feuer hat der Funke von Sloterdijk in dir verursacht?

Bei mir ist die Musik immer auch ein Ergebnis von Umformungen.

Du hast früher eine große Affinität zur Malerei gehabt.

Ja. Nach wie vor. Überhaupt zum Phänomen der Bildenden Kunst. Ich möchte es auf einer allgemeineren Ebene lassen. Es ist so, dass ich immer angeregt Ausstellungen verlasse, angeregt ins Eigene, angeregt auch zum Widerspruch. Aber das provoziert dann ja auch wieder das Eigene...
Ich bin neulich in Berlin in der Ausstellung eines Künstlers gewesen, mit dem ich nie viel anfangen konnte. Und wo ich begeistert rausgegangen bin. Mondrian,

eigentlich schon alte Kunst. Diese Ausstellung hat mich sehr beeindruckt. Weil mir ein Weg gezeigt wurde, eine Station, man könnte diesen Weg mit den Zweigen der Bäume vergleichen. Wie sich die Flächen der frühen Bilder entwickeln – es war von der Ausstellung her bei mir die pure Anregung zum schöpferischen Tun.

Dass ich etwas lese oder höre oder einfach nur bin – dann regt das an. Wie ich mit meinen Bedingtheiten umgehe.

„Ich bin" weißt du, wer du bist, wenn du das sagst? Marx antwortet: Ich bin, weil ich arbeite, Descartes sagt: weil ich denke, zweifle ich, Freud und die Psychoschulen der letzten Jahrzehnte bis hinein in die Gegenwart sagen, ich bin, weil ich fühle.

Gibt es so etwas wie eine Künstlerpersönlichkeit?

Ich glaube schon, dass es so etwas wie eine Anlage dazu gibt. So etwas wie Gestaltungs-Energie.

Wo kommt diese Energie her?

Ich weiß nicht, wo sie herkommt. Ich weiß nur, dass dieser Gestaltungswille etwas zu tun hat mit einer Reproduktion auch der menschlichen Art. Damit binde ich natürlich das Gestalten sehr an das Physische.

Kunst könnte aber die Brücke zu etwas Geistigem sein. Das künstlerische Gestalten ist nicht nur eine einfache Fortsetzung des Geschlechtstriebes, des Fortpflanzungswillens.

Für mich ist es Eros, der Gott des Zeugens, der Liebe, der Kreativität. Er will in der Kunst und im Menschen zeugen, fortpflanzen. Dieser Liebestrieb wäre dann auch für mich der Lebenstrieb. Man will etwas machen, etwas schaffen, auch das Leben gestalten oder in den Griff bekommen.

Künstlerisches Schaffen ist nicht nur eine Manifestation des Lebenstriebes, sondern auch ein Versuch, eben diesen Lebenstrieb zu verstehen. Dieses Nachzeichnen organischer Wege, das Nachzeichnen von Entstehungsformen. Das künstlerische Produzieren hat für mich sehr viel auch mit Naturvorgängen zu tun, wie wir sie beobachten können. Ich bringe diesen Naturvergleich relativ oft in Gesprächen, wo es immer darum geht, das Geistige der Kunst abzugrenzen gegen das physische Existieren. Das Entstehen von Kunst hat enorm viel mit Kräften zu tun, die auch das Leben am Leben halten.

Als kleines Beispiel will ich das Myzel nennen, auch: dass der Pilz im Boden untrennbar mit seiner Umgebung vermischt ist. Du kannst den Pilz nicht aus dem Boden herausnehmen. Es gibt ja Pilze, die so groß sind wie eine ganze Stadt, das sind Individuen, die 100.000 t wiegen würden. Das ist ungeheuerlich! Nur ein einziges Lebewesen. Es sind nicht mehrere, sondern Individuen. Was wir sehen, sind die Fruchtstände. Da liegt ein Vergleich sehr nah – die Fruchtstände sind die Werke. Das Myzel führt dazu, dass sich Energieflüsse in Werken manifestieren. Die Röhren des Myzels wachsen an einer Stelle plötzlich aus und werden ein Fruchtstand. Und wir nennen das Pilz. Aber der Pilz bleibt unsichtbar im Boden. Damit vergleiche ich immer gern das Entstehen von Kunstwerken. Auch diese Energie-Zuflüsse, ihre Verschlungenheit, Unlösbarkeit.

Ich kenne dieses Bild auch, aber ich kenne es eher als ein rhizomartiges Fortschreiten und Fortwachsen, von dem einen ins andere übergehend, kreuz und quer.

Bei Kunst geht's wieder zurück in das Eine: also vorwärts in den Fruchtstand, das Werk.

Beuys definiert Kunst als ein Künden, als ein Können und als ein Kaufen.

Ja, die Reihenfolge ist wichtig!

Ich sage: können, kaufen, künden.

Für mich eher: können, künden, kaufen. – Aber meistens geht das Künden erst los, wenn bekannt wird, dass etwas gekauft wurde, also etwas bekundet wurde. *(Lachen)* Bekundet von einem Kunden. Dass also ein Kauf-Wert vorliegt. Dann wird die Kunde vernommen und das Künden beginnt. Können vorausgesetzt – Delegations-Systeme werden ja immer prominenter.

Was verstehst du darunter?

Das sind Hilfen, Hilfe-Stellungen, etwas an Computersysteme zu delegieren; letztlich also nur noch das konzeptuelle Arbeiten. Die Ausführung wird den Computern überlassen. Firmen, die das können, stellen zunächst etwas in Frage, um es dann zu Gunsten eines Entwerfens ganz zu eliminieren. Schon das Künden unter Überspringen des Könnens wird ein neues Verhalten.

Technik, Technizismus, gibt es das tatsächlich schon in der Komposition?

Ich bin nicht mehr so sehr informiert. Aber eigentlich gab es das doch immer schon. Früher nannte man es Akademismus.

Ich verstehe das so: Dass etwas auch mit dem Computer geplant wird, und dass diese Idee sogar wichtiger wird und fast schon gar nicht mehr realisiert zu werden braucht. Dass die geistige Struktur also wichtiger wird als ihre Materialisierung.

Das ist eine Haltung, die man einnehmen kann. Die Frage ist nur, ob man dies bis zur Pensions-Grenze aufrechterhalten will, es erfüllend findet.

Film-Musik zum Beispiel kann rein technisch komponiert werden.

Ja, das mag sein. Ich möchte jetzt nicht die übliche Schelte auf Film-Musik loslassen; da gibt es solche und solche. Aber es ist doch interessant zu sehen oder zu hören, dass die deutsch-österreichische Symphonik von 1870-1915 das Klangbild der meisten Film-Musik immer noch beherrscht. Die auch gar nicht mehr über Orchester und dergleichen hergestellt werden muss. Dass es Samples gibt, die man einfach zusammensetzen kann, es klingt dann wie etwas mittlerer Richard Strauss, früher Zemlinsky, Korngold und – so wurde ich neulich gefragt – bleibt das die nächsten 300 Jahre so? Man weiß es nicht. Diese Medien sind ja sehr konservativ. Und es hängt viel Geld dran...

ೞଓ

Mir geht stark der Begriff „Zeitenwende" durch den Kopf.

Gegenfrage: Gibt es Zeiten, die sich nicht wenden?

Ich denke ja. Und es gibt Zeitenwenden: Die griechische Antike, Rom, das Mittelalter, Barock; das Ende des Atom- und Industriezeitalters wie jetzt. Es gibt Zeiten, die bleiben. Es gibt aber auch Brüche. Für mich waren einschneidend und existenziell wichtig, weil nicht zuletzt auch lebensbedrohlich: der Buchdruck, die Industrialisierung oder auch Technisierung des 19. und 20. Jahrhunderts. Und jetzt steht die Digitalisierung vor der Tür. Mit all ihren Folgen.

Zeitenwenden in der Musik sind zum Beispiel die Erfindung des Synthesizers, der elektrischen Gitarre, die Verstärkung der Stimme. All das hat neue Musikstile hervorgebracht. Die Erfindung des Flügels bei Beethoven hat eine andere Musik bewirkt als die von Mozart mit seinem Spinett oder Cembalo.
Die elektrischen Gitarren haben die Rockmusik zur Folge gehabt einschließlich Subtilitäten wie modale Harmonik: Weil Amateur-Gitarristen die üblichen Kadenzen schwerer spielen konnten als Quint-Rückungen, die sich dann ergeben, wenn man die Subdominante nach der Dominante spielt, sind modale Dur-Moll--Harmonien angeblich so beliebt in der Popmusik geworden. Die traditionellen T-, S- und D-Kadenzen werden geradezu gehasst.

Dann hat sich aber in der Harmonik doch nichts geändert?

Doch. Siehe oben. Akkordrückungen wie im Impressionismus werden bevorzugt. Es gibt eine Theorie, dass aus dem konkreten Gitarrenspiel, also dem Greifen der Akkorde, die Popharmonik sich entwickelt hat. Die nebenbei auch ganz dissonanzlos ist und selbst Septakkorde meidet wie der Teufel das Weihwasser. Was nicht ausschließt, dass jedoch Geräusche und mikrotonale Klangsubtilitäten gesucht werden – siehe die große Wichtigkeit des Sounds in dieser Art von Musik.

Die Menschen ändern sich. Dennoch: Auch wenn sie gelbe, grüne, blaue Hüte tragen, darunter ist immer der gleiche Kopf. In der Rock-Musik wird also nur vom Sound gesprochen, das ist das eine. Aber ob ich den gleichen Dreiklang so spiele oder so, ob er so klingt oder so, das bedeutet doch nicht, dass sich substantiell inhaltlich etwas geändert hätte. Das beruhigt ja auch. – Dagegen ist ein Phänomen wie „Zeit" sehr beunruhigend.
Ich würde sogar sagen, dass „Zeit" ein Synonym ist für „Wende", dass man also von Zeitenwenden nicht eigens sprechen müsste.

ৎჄ

Du hast früher einmal gesagt, ans Ende eines Stückes setze ich gerne einen Punkt. Ist das immer noch so?

Manchmal schon. Es war auch früher nicht immer so, sondern nur manchmal, dass das Stück seinen Blick plötzlich ändert und dass ich darin fast eine Art Lust-Geste finde. Den Schluss zu finden im musikalischen Zeit-Fluss ist sowieso eines der Probleme in der Komposition. Dadurch stellt sich erst Form her und dar.

Für die Literaten und Schreiber ist es vielleicht der Beginn auf dem weißen Blatt, der schwierig wird.

Das ist identisch. Beim Komponieren sind der Beginn und der Schluss höchst schwierig, Dazwischen ist das höchst Schwierige das Fortkommen. *(Lachen)*

Du weißt nicht, wie es weiter geht?

Das Komponieren besteht also nur aus Schwierigkeiten. Aber das bedeutet auch die Möglichkeit, ein Lust-Potential daraus zu entwickeln. *(Lachen)*

Das weiß ich nicht. Ich bin kein Masochist.

Das hat damit nichts zu tun. Aber schon etwas mit dem Gefühl einer gelungenen Überschreitung von Hindernissen.

Dieses Abbiegen in's Andere[3] – kann das auch die Vergangenheit sein?

Das kann der Blick ins Stück hinein, in seinen Anfang sein. Das kann der Blick weit zurück, über den Anfang hinaus, in eine Vergangenheit welcher Art auch immer sein.

Zitierst du manchmal Sachen von dir?

Selbstverständlich, es gibt Formulierungen, die ich nicht nachschauen muss, um sie als Noten zu zitieren. Das mache ich nicht absichtlich, es ist die Hand, die *maniera*, die Schreibweise, die es mir vorzeichnet. Damit drückt sich sehr viel Persönliches aus. Bei Studenten kannst du beobachten, wie sie ihre Eigenarten bis ans Ende beibehalten, manchmal ganz kleine Eigenarten, die dann charakteristisch werden für ein Werk.

Früher hast du auch in ganz andere Epochen zurückgeblickt.

Im Zusammenhang mit dem Beantworten natürlich. Im Zusammenhang mit dem Beantworten von Kunst durch Kunst. Der Blick in viele Richtungen auch, die mit einem „Zurück" beschriftet sind. Trotzdem meinte ich ein technisches Detail, kein ästhetisches. Zum Beispiel: Ein Stück schnelle Musik aus Stakkato-

---

[3] Reinhold Urmetzer, „Abbiegen ins Andere" - Der Komponist Wolfgang Rihm im Gespräch (1988)

punkten bricht ab, dann kommt ein ganz kurzer Moment, die gleichen Stakkatopunkte nur in einem anderen Umfeld. Das meine ich mit diesem Blick-Wechsel.

Gibt es auch geheimnisvolle Stellen in deiner Musik?

Ja. Aber die können nie absichtlich gewollt werden, du kannst nicht die Arbeitshypothese Geheimnis erfüllen.

In der Sprache schon: Ambiguität, Doppel- und Mehrdeutigkeiten.

Die künstlich herbeigeführte Doppeldeutigkeit ist eine allzu eindeutige Sache. Sie verliert dadurch ihr Wesen, die Doppeldeutigkeit. Jede Ambivalenz wird zerstört durch Absicht. Wenn jemand ganz absichtsvoll ambivalent sein will, dann hat er es geschafft, nicht mehr ambivalent sein zu können.

Das heißt: Du bist für Ehrlichkeit und Authentizität.

Mir ist es eigentlich egal, ob einer ehrlich oder unehrlich in der Kunst ist. Wie könnte man überhaupt unehrlich sein in der Kunst?

Schillers Schein, Schönheit, Verführung durch die Kunst in seinen ästhetischen Briefen: Nur wenn der Schein ehrlich ist oder wahr, können wir ihn akzeptieren.

Wenn sich jemand zum Schein für den Schein entschließt, ist er doch auch ehrlich. *(Lachen)*
Dann ist er auch nicht scheinheilig… Es ist ein Habitus.

Dann gibt es aber auch keine Lüge.

Wie will man in der Kunst lügen? Man sieht oder hört doch sofort, ob etwas schlecht ist oder nicht. *(Lachen)*

Du glaubst daran, gute und schlechte Kunst unterscheiden zu können?

Schon. Das Problem ist nur der Umgang damit. Das Einsetzen von schlechter Kunst als ein Wert, ein richtiger Marktwert, ein lebensnotwendiger Wert. Dieses Vorspiegeln, dass es sich dabei um Werte handelt, das ist das Problem. Nicht dass es das gibt.

Und wie stehst du zu der Alles-Geht-Haltung?

Ich kenne nur die Erfahrung, dass eben nicht alles geht. Nicht weil ich es nicht will, sondern weil ich es nicht kann. Ich würde gerne alles gehen lassen, aber ich kann es einfach nicht.

Ich denke so: Alles geht, zum Beispiel innerhalb der Wahrheiten, der Wahrheitssuche im Bereich der Philosophie, der Wissenschaftstheorie. Aber nicht für mich. D.h. es gibt unendlich viele Wahrheiten, Künste, Möglichkeiten, aber für mich nicht.
Für mich gibt es nur eine bestimmte Anzahl von Wahrheiten, vor allem in der Ethik, wie man leben soll.
Alles geht, o. k., aber nicht für mich als Einzelnen. Wenn mir jemand sein ethisches System aufzwingen will, dann ist Schluss. Selbst das Antithetische zu mir akzeptiere ich, aber nicht für mich selber, sondern für andere, die sich dieser Position anschließen mögen. Solange ich nicht davon bedrängt werde, lasse ich es stehen, akzeptiere es.

Ich bin da realistischer. Ich sage einfach: Wäre ja schön, wenn alles ginge, nur ich kann es einfach nicht. Und dieses Eingestehen des eigenen Unvermögens rettet mich sozusagen.

Vor der Vielfalt?

Nicht vor der Vielfalt, sondern vor der Kontingenz, vor dem Zufälligen und Wertlosen, Beliebigen. Nicht weil ich so toll wäre: Das geht nicht, also mache ich es nicht, sondern einfach, weil ich erfahre, ich kann es nicht. Dieses Nichtkönnen ist eine Art Selbst-Immunisierung, dieses Nichtkönnen ist fast schon ein handwerklicher Wert bei mir. Dinge nicht tun zu können, bei gleichzeitigem Bewusstsein: Das vermag ich überhaupt nicht, selbst wenn ich mich noch so sehr anstrenge. Ein Schutz, den der geistig-künstlerische Körper mir bietet.

So wie das Wissen um das Nichtwissen doch ein Wissen ist.

Ja. Ein gesteigertes.

℘⊗

Ich muss jetzt den Übergang zur Dekonstruktion finden, ein sehr zentraler Begriff in der gesellschaftstheoretischen Diskussion immer noch. Sieh dir nur Trump und die Fake-Welt an. Deshalb komme ich manchmal auch auf frühere Begriffe oder Positionen zu sprechen, nicht um alte Schläuche wieder aufleben zu lassen.

Zum Beispiel „produktive Deformierung", eine Bezeichnung, die du für die musikalische Ästhetik vielleicht erfunden hast und die in das post-strukturelle Denken sehr gut passt. In meinem Denken spielen Dekonstruktion oder auch Destrukturierung im Sinne von Paul Feyerabend eine wichtige Rolle, was ziemlich nah an der Tätigkeit einer „produktiven Deformierung" liegen kann, nicht nur in der Kunst.

Es kann sein, dass etwas so auf mich übergreift, dass ich sogar physischen Schaden nehme. Dass durch mein langes Sitzen und Arbeiten sogar der Bewegungsapparat zu Schaden kommt und deformiert wird. Deformierung ja, aber produktiv?

Ich habe etwas anderes damit gemeint! Nun gut, lassen wir es, sprechen wir über –

Doch, diese Begriffe sind ja nicht herausnehmbare Batterien, sondern wichtige Begriffe wie etwa das Myzel, das sich durch seine Umgebung nährt und eine eigenwertige Bedeutung erhält als Metapher für künstlerische Produktion. Bleiben wir dabei.

Für mich sind solche Zentralbegriffe, mögen sie auch noch so modisch und zeitbedingt sein, aufladbare, also sehr wichtige, fast existenziell wichtige Batterien mit Lebensenergie. Nur in diesem Zusammenhang habe ich den Dekonstruktions-Begriff einführen, mit dir besprechen wollen. Ich mag ihn fast noch mehr als die anarchische Destrukturierung etwa in der Wissenschaftstheorie von Paul Feyerabend.

Ich habe auch nichts gegen diese Begriffe, obwohl ich immer weniger weiß, was sie zu bedeuten haben. Vor allem bezogen auf mein Schaffen. Brauche ich sie?

Das ist doch gerade das Gute daran – dass man sie nicht versteht!
Muss man immer alles sofort und unumschränkt ohne Zweifel verstehen? Im Sinne der Aufklärung, im Sinne des Rationalismus bis hin zum logischen Positivismus und der analytischen Philosophie? Bist du eine Ratte, die im Käfig auf ihre Belohnungen wartet und so ganz leicht gesteuert werden kann?
Wollen wir die Dekonstruktion dekonstruieren? Das gehört doch auch zu diesem philosophischen Konzept. Sonst entwickeln sich auch Dekonstruktion und Destrukturierung zu einem Dogmatismus.

Das war doch lange Zeit zu befürchten und zu beobachten.

ಲ‍ೊಌ

Du hast es eben angesprochen – die Schallplatte ist ausgestorben, die CD-Produktion dümpelt vor sich hin. Wie geht es weiter mit der Musik-Aufzeichnung? Mein Sohn verwendet bei der Vermittlung seiner Musik nur noch Codes, Nummern, die man bei iTunes oder im Internet oder wer weiß wo und wie erwerben muss, einschließlich der dazu gehörenden Musik.
Werden da die großen Orchester noch mithalten können in Zukunft?

Ja.

In Deutschland schon. Aber wie ist das in den USA? Drei feste Opernhäuser soll es da nur noch geben.

Aber es gibt sie.

Komponierst du auf ein Publikum hin, für ein Publikum?

Natürlich, klar, ich komponiere für Hörer. Für Spezialisten und Laien. Musik soll gehört werden. Ich kann aber nicht sagen das Publikum, denn das ist ja überall immer wieder ein anderes.

Ich denke ganz anders. Dein Publikum wird überall und immer eine Gruppe der Musica reservata bleiben, sein, für die du produzierst. Eben hast du von 10 % geredet, und von den 90 %, die eine solche Musik nicht erreicht.

Trotzdem, das sind enorm viele Leute. Wenn du überlegst, um 1900 gab es in Paris 10.000 Leute, die sich für Musik interessierten. Also für zeitgenössische Musik, Debussy, Strawinsky, Diaghilev. Man denkt, das müssten immer ungeheure Massen gewesen sein. Nein, höchstens 10.000 Menschen. Heute sind es allein in Paris bereits 100.000. Das sind doch ungeheure Massen, die von der Neuen Musik angesprochen werden. Mehr macht doch gar keinen Sinn.

Für mich ist es nur eine, tiefenpsychologisch gesehen, besondere Spezies Mensch, die sich dafür interessiert – jetzt muss ich aufpassen, was ich sage.
Der Mensch, welcher sich für Rap-Musik interessiert, identifiziert sich auch mit der Gestik der Aggression, auch mit dem in den Videos vermittelten Schein von Luxus und Wohlleben quasi als ein psychologisches Ventil.

In ein paar Jahren, oder auch schon nach ein paar Wochen wird das, was jetzt als besonders interessant, als aggressiv und aufrührerisch gilt, wieder belächelt werden. Dann sind die Gesten antik, die Tonfälle bemitleidenswert, die Aufputze harmlos.

Ich bin viele Jahre lang Musik-Kritiker gewesen mit redaktionellen Aufgaben im Bereich Neue Musik und Rockmusik gleichermaßen, was ziemlich neu war. Das heißt, ich konnte Musik und Konzerte ganz frei wählen, die ich als wichtige rezensieren wollte. Ich bin in alle diese gängigen Rockkonzerte gegangen, von Pink Floyd und Queen bis zu den Scorpions. Alle Arten der Neuen Deutsche Welle oder von Reggae-Tanzmusik und Discotheken habe ich kennenlernen dürfen oder auch müssen. Immer mit Ohrschutz, worüber ich jetzt sehr froh bin. Der ehemalige Scorpions-Schlagzeuger, mit dem ich in der Studienzeit befreundet war, ist auf einem Ohr schon fast taub.

Ich habe diese ganze Welt immer parallel zu der Welt der Oper, der klassischen und Neuen Musik kennen und auch schätzen gelernt. Die Donaueschinger Musiktage beispielsweise habe ich jahrzehntelang für Fachzeitschriften rezensiert. Und doch immer wieder eine starke Spaltung gespürt.
Warum lehnen manche eingeschworenen Anhänger der Neuen Musik die Popkultur so heftig ab?

Ich lehne sie nicht ab, ich kann nur nicht an ihr teilhaben, weil meine ganze physische und soziale Existenz, die ich führe, damit nicht kompatibel ist.
Ich lese die Bücher von Reinald Götz, da gibt es hinreißende und treffende Textstrecken, die mich begeistern können. Das spielt alles aber in einem ästhetischen Milieu, das mir jedoch total fremd ist.

Vielleicht fasziniert es dich gerade, weil du so weit weg von dieser Kultur bist?
Ich hatte mit diesen Menschen und dieser Welt anfänglich auch sehr wenig nur gemeinsam. Wenn ich nicht den Schlagzeuger der Scorpions kennengelernt hätte, der mir auf seinem Üb-Instrument aus Hartgummi sehr komplizierte Passagen etwa der Gruppe „Yes" vorgetrommelt hätte und die mich überzeugten, wäre ich vielleicht auch heute kein Hörer der Rockmusik mehr geblieben.
Diese Welt war auch für mich eine Antithese. Es hat mich dennoch irgendwie gereizt, sie kennen zu lernen. Ich habe deshalb auch in Rockbands gespielt ebenso wie in Neue-Musik-Formationen an der Musikhochschule. Beides geht, beides war interessant. Vielleicht, dass ich die Menschen in der Rock-Kultur jedoch näher kennengelernt und auch schätzen gelernt habe. Das heißt, mein Herz schlägt vielleicht

doch eher auf dieser Seite. Menschen, einfache Leute, einfache Musik? – Sieh dir Phil Glass an –

Das ist etwas ganz anderes!

Warum?

Phil Glass hat mit Pop-Kultur eigentlich nichts zu tun. Seine Musik ist schon eine Art Klassizismus des zeitgenössischen Produzierens, mit einer sofort wieder erkennbaren eigenen Sprachlichkeit.

Was ist denn dann daran schlecht?

Ich sage ja nichts Negatives, ich sage „eigene Sprachlichkeit"; das ist doch etwas Positives.

*Aber sie ist mit dir und deiner Sprachlichkeit, nennen wir es einmal so, die auch den sozialen und psychologischen Bereich umfassen soll, nicht kompatibel. Kompatibel mit deiner Entwicklung, deiner Lebensform, der Ausbildung oder was auch immer. –
Gibt es überhaupt eine Person, die dich in deinem Leben sehr beeindruckt hat? Später reden wir von beeinflusst.*

Am Anfang meiner Arbeit Stockhausen natürlich.

Und beeinflusst?

Ich bin ein schlechter Rihm-Forscher. Das müssen andere herauskriegen, die mich erforschen.
Ich habe immer wieder etwas anderes im Kopf, das in die Sphäre des Fragens und Beantwortens gehört. Ich habe mich gerade wieder sehr mit Strawinsky beschäftigt.

Dem späten Strawinsky des Klassizismus oder mit dem Sacre-Strawinsky?

Eher mit späteren Sachen. Auch mit Dingen, die wieder im Gegensatz zu der klassizistischen Haltung stehen. So eigentümliche Zwischenformen. Alte Musik der Zukunft. Absolutes Lieblingswerk: die „Requiem Canticles".

℅

Gibt es Glück für dich?

Ja, es gibt Glücksmomente, wo ich plötzlich feststelle, das muss jetzt eben Glück gewesen sein. Das hat aber nicht mit besonders herausgehobenen Situationen zu tun, sondern ich werde plötzlich davon überfallen.

Du lebst und suchst nicht das Glück?

Nein, ich suche einen gewissen Ausgleich der Kräfte, das Ineinander von Anspruch und Verwirklichung, ein gewisses Entsprechenkönnen von Kräften und Vermögen. Es ist immer die Überanstrengung da, aber nicht grundsätzlich, Überanstrengung der Kräfte, der Möglichkeiten, aber nicht permanent.

Gibt es auch Erholungsphasen?

Erholung ist mir eigentlich ein fremder Begriff. Ich würde es eher als Systole und Diastole, als Anspannung und Entspannung bezeichnen, als Atmung.

Fragen und beantworten – kann das auch außerhalb von Musik und Kunst im Leben sein?

Leben hat eben damit zu tun: mit diesem Zusammenziehen und Öffnen, Zusammenziehen und Lösen, also mit dieser Peristaltik. Darin äußert sich prozessuales Leben. Wie sich unser Herz, unser ganzes organisches System bewegt.

Und das findet man auch in deiner Musik?

Ich glaube ja. Aber nicht, dass ich es absichtlich verwirklichen will. Es verwirklicht sich, auch weil ich dem nicht widerstehen kann.

Biografisches ist gewiss in deinem Werk auch enthalten.

Die Analytiker werden das dann irgendwann und irgendwie und irgendwo finden.

Weißt du, dass sogar unser allererstes Gespräch mittlerweile in einer englischen Dissertation vorliegt? Manche untersuchen sogar das! Wenn sie das untersuchen, dann werden sie in deiner Musik und in deinem Werk noch viel mehr finden! Wie sich dein Leben in der Musik widerspiegelt, wer weiß.

Oder wie sich die Musik vielleicht auch im Leben widerspiegelt. Weil bestimmte Stücke so viel nach sich ziehen, dass das Leben einen gewissen Einfluss von daher bekommt – „Freude schöner Götterfunke" als Eurovisionshymne.

Wie möchtest du sterben?

Ich antworte mit Woody Allen: Da werde ich ja nicht dabei sein. *(Lachen)* Gleitend, ausschwingend.

Wie ein Akkord, eine Melodie?

Es muss nicht musikalisch sein.

Und geht es dann irgendwohin weiter?

Das weiß ich nicht.

ஐଓ

Wie kommst du zu deinen Opern-Ideen? Gibt es im Augenblick eine?

Ja, es gibt eine Idee.

Erzähl mir davon!

Ein Text von Botho Strauß über die Figur des altbiblischen Saul.
Das Thema dahinter ist eigentlich Saul als eine Figur, die wie von Gott falsch gewählt erscheint. Gottes falsche Wahl, wenn du so willst. Der Prophet Samuel wird von seinem Volk bedrängt: „Gib uns einen König". „Wozu braucht ihr einen König?", sagt Samuel, wie es im Prophetenbuch verzeichnet ist. „Ihr braucht doch keinen König". „Doch", sagt das Volk, „wir wollen einen König, einen Führer".

Samuel fragt Gott und der sagt: „Der nächste, der kommt, wird's".

Da kommt Saul, der von allem nichts weiß. Er ist in eine Situation reingestellt, die er nicht bewältigt. Dann kommt die ganze David- und Jonathan-Geschichte, die Befragung, die Orakelfigur mit der Hexe von Endor, wo Saul dann hingeht, um sein Schicksal zu erfahren. Sie verspricht, Verstorbene wieder lebendig machen zu können und er will, dass der inzwischen verstorbene Samuel wieder erscheine und ihm sage, was sein wird – all diese Dinge.

Die berühmteste und für mich wichtigste Szene ist dieser Ausbruch von Saul, während David vor ihm musiziert. David spielt ihm vor und Saul wird derart von Melancholie geschüttelt, dass er, ohne es zu wollen, seinen Speer nach David schleudert. Also die Rolle der Musik in diesem Moment.

Das kannte ich aus einer bebilderten Bibel, die mein Vater im Bücherschrank hatte. Die ich immer wieder interessiert durchblätterte. Da blieb ich immer als Junge bei einigen Bildern hängen, vor denen ich auch Angst hatte. Das eine war die Enthauptung von Johannes dem Täufer, da schaudert man als Junge, es ist gruselig, und das andere war eben Saul, wie er den Speer nach David schleudert mit zornig aufgerissenen Augen und der Speer verfehlt da wieder mal sein Ziel. Warum macht er das? Der spielt ihm doch Musik vor. Das Bedrohliche auch von Musik, die sich gegen den richtet, der sie macht, weil ein anderer dadurch in Melancholie fällt.

Die Filmfestspiele beginnen in Venedig. Schlagzeilen der Presse: Wo ist die Religion? Wo bleiben die Religionen? Auch sie haben die Menschen verlassen, vielleicht sogar ganz aufgegeben.
Gott ist tot, o.k. Der Glaube ist weg, selbst der Glaube an Befreiung und Kommunismus, der ein Ersatzglaube war wie so vieles andere auch. Schon lange. Aber jetzt desavouieren, bekämpfen sich, verschwinden sogar die Religionen als soziale Institution. Im Islam werden sie vollkommen unglaubwürdig, im Christentum sind sie durch Korruption, Misswirtschaft, Missbrauch in Misskredit geraten und sogar im sonst so passiven Buddhismus werden sie kriegerisch.
Viele Filme befassen sich mit dem Thema Religion, aber negativ, fast schon verzweifelt. Wohin mit Religion, mit Sinn, mit Glaube? – Die Thematik deiner neuen Oper geht vielleicht auch teilweise in Richtung dieser Filmemacher.

Wenn man Musik macht, hat man immer einen Faden ins Religiöse. Ob das jetzt ausgesprochen ist oder nicht. Selbst bei Komponisten, die der religiösen Gestaltsphäre eigentlich unverdächtig sind, zum Beispiel Nono. Einer der größten Vorwürfe, die Nono gemacht werden konnten, war, dass er im Grunde Kirchenmusik schreibe, dass das alles so kirchlich sei.

Die Figur des Saul hat schon etwas auch mit meinem eigenen Leben zu tun, der Alternde, das ist ja auch eine Schicht, die einer gewissen Bewältigung bedarf. Alle diese Dinge sehe ich jetzt in diesem Themenkomplex anwesend und hoffe, dass ich ihn gestalten kann.

Wie lang brauchst du für die neue Oper?

Ich werde, wenn ich begonnen habe, das relativ schnell machen. Aber ich bin jetzt schon über zwei Jahre am Hin-und-Her-Denken.

✺

Wie kommst du zu deinen Ideen?

Durch Lektüre. Damals waren es die Texte von Artaud.

Deine Opern sind immer irgendwie sehr elaboriert, nennen wir es einmal so. Sie beziehen sich auf die Antike, auf die Historie, haben einen sehr geistigen Hintergrund, setzen Wissen, Neugierde, Erfahrung des Publikums voraus –

Nein, im Gegenteil! Für mich sind sie gerade nicht elaboriert. Ein elaboriertes Projekt wäre, wenn ich eine Oper über einen Garagenbesitzer schreiben würde, der Apotheker sein will und er sich deshalb einer Mafia-Gang anschließt.

O.k., das kennen wir schon. Deine Welt ist oder will nicht kompatibel sein mit jeder anderen Welt, nennen wir das einmal so.

Zur Zeit erlebe ich sehr schön, wie dreißig Jahre alte Stücke, etwa das Streichtrio von 1977, in einer technischen und künstlerischen Vollendung gespielt und vom Publikum begeistert aufgenommen werden. Als sei es ein klassisches Stück. Sachen, die damals als dubios wahrgenommen wurden, zwiespältig auch im Sinne von entweder ästhetisch nicht auf der Höhe oder in der falschen Ästhetik befangen. Es fragten sich damals schon Kritiker, ob das Stück nicht reaktionär sei. Du siehst, es kommt immer darauf an, von welcher Seite etwas wahrgenommen wird. Das, was für ein Publikum unverständlich sein kann, ist für einen Teil der kritischen Beobachter altbackener Klassizismus.

Unterschiedliche Kompatibilitäten – ein modisches Wort, nennen wir es nun einmal so. Immer wieder bleibt doch alles heterogen, dissonant und fremd um uns herum. Du bewegst dich in deinem Kreis, in deiner Welt, ich bewege mich in meiner Welt. Jede Welt hat ihre eigenen Werte, Sprachen, unterschiedlichen Ziele, ihre Fremdheiten. Das wird mir immer schlimmer bewusst. Auch die Einsamkeit, die Einseitigkeit, diese trennende Isolation.

Mehr als früher?

Ja.

Aber schau, früher galten im badischen Pforzheim noch ganz andere Gesetze als im württembergischen Stuttgart!

༄༅

Ich sehe gerade das Bild von Adorno hier an der Wand. Hast du ihn mal gesehen oder getroffen?

Ja, in Karlsruhe.

Und ist er wirklich so klein gewachsen?

Ja. Klein und rund war er.

Künstler oder wichtige und bedeutende Menschen haben manchmal einen Stachel in ihrer Seele. So die Tiefenpsychologie. Habermas mit Hasenscharte, Apel, bei dem ich studiert habe, hatte eine ganz hohe, fast schon eine Falsettstimme.
Es gibt eine Theorie, dass ein solcher Stachel, der oft schon in der Kindheit vorhanden war oder sich entwickelt hat, einen dazu treibt, über sich hinaus zu wachsen, also diesen Makel, auch manchmal einen Defekt, ein Defizit, zu kompensieren. Bruckner – wenn Zwerge Riesen werden. Adorno soll ein kleiner, unansehnlicher Mensch gewesen sein.

Ich denke, er war dick.

Vielleicht auch. (Lachen)

Ich sage das, weil wir schon einmal darüber geredet haben, was einen Künstler antreibt Kunst zu machen.

Also das Defizit treibt. Die Begegnung mit Adorno war, glaube ich, im Jahr seines Todes. Er hat in Karlsruhe einen Vortrag gehalten über Schönbergs „Pierrot Lunaire" und die „George-Lieder", die daran anschließend aufgeführt wurden ebenso wie „Pierrot Lunaire". Ich war als 16- oder 17-Jähriger dabei und bin in das Foyer des Veranstaltungsortes gekommen. Da fiel mir auf ein Kreis großer älterer Damen, in deren Mitte sich etwas bewegte. Und wie ich näher an den Kreis herantrat, sah ich, dass in der Mitte eine kugelförmige Gestalt sich befand in einem Anzug mit Weste und mit einem Stich ins Altrosa. Die kugelförmige Gestalt wippte immer auf und nieder – er hat den Damen Handküsse gegeben, und zwar jeder mehrfach immer wieder in der Reihe herum. Das war für mich erstaunlich. Ich wusste nicht, was und wer das ist. Und als ich dann drinsaß, trat eben jenes Wesen an das Pult. *(Lachen)*

Warum das alles? So viele Frauen!?

Das musst du ihn fragen. Er muss ja wohl einen großen Zustrom gehabt haben, was Frauen angeht.

Seltsam, komisch.

Warum?

Ich denke an Jean Paul. Das ist bekannt, dass diese seine Art von Sprache Frauen vor allem fasziniert hat. Viel mehr als die Männer. Seine Sprache ist emotional, witzig, bildhaft. Rätselhaft oft, und die Frauen mögen das mehr.
In der Musik habe ich das noch nicht gehört, dass es eine besondere Art Musik für Frauen, eine andere Art für Männer geben könnte.
Na ja, in der Rockmusik vielleicht doch, Heavy Metal und Hardrock, aber in der Klassik – eine Musik mehr für Frauen, eine mehr für Männer –

Ich glaube, es ging mehr um die geistige Potenz.

Vielleicht. Die Frauen mögen – aber so allgemein kann man das doch wohl nicht sagen, wer was mehr mag oder kann?! Doch wenn wir uns schon mal im Allgemeinen bewegen: Komplexität, Rätselhaftigkeit, das Irrationale –

Das finde ich sehr weiblich.

In der Musik – Adagiosätze, sind das nicht auch weibliche Teile?

Ich kann diese Zuordnung von Adagio zu weiblich nicht machen.

Oder ganz aggressive Musik?

Das kann auch sehr weiblich sein. *(Lachen)*
Machen wir weiter.

Nein, das ist ein sehr interessanter, auch aktueller Punkt und für mich immer noch gegenwärtig: Gibt es das Frauendenken, kann es das Männerdenken geben? Meiner Meinung nach ja.
Kann es also eine typische Frauenmusik, eine typische Männermusik geben?

Ich denke, das Nachdenken darüber bringt nichts. Wo befindet man sich selber gerade? Diese Selbstverortung ist ein eher nominalistisches Geschäft, das legt so viel fest. Das ist schon etwas, das mir zuwider ist.

Wir sind im Bereich der Dogmatik angekommen, auch im Bereich des Feminismus. Ich glaube nämlich, dass der Feminismus sich auf dem Rückzug befindet.

Das kann ich nicht beurteilen.

Doch, ich glaube schon. Wenn man den Anfang damit vergleicht: Wir sind im Auditorium Maximum in Tübingen. Alice Schwarzer hält einen Vortrag. Voll besetzt mit Frauen, eine Handvoll Männer. Ich soll als etwa dreißigjähriger Journalist einen Bericht darüber schreiben. Alles nur Frauen. Du sitzt da und schreibst mit und musst dir wüste Beschimpfungen und Beleidigungen anhören. Ich in einer labilen Lebensphase, eine Trennung nach acht Jahren war gerade hinter mir.
Dieser Vortrag, der sehr heftig überzeichnete und bewusst provokativ war, hat mich äußerst aggressiv gemacht. Wir wenigen Männer werden neugierig bis höhnisch angestarrt von den vielen Frauen, so kam es mir jedenfalls vor. Ich bin dann raus mit einer riesigen Wut im Bauch. Gut, habe ich mir gesagt, ich nehme den Fehde-Handschuh auf, diese Kriegserklärung an mich als Mann, ich bin bereit zum Kampf fast wie ein Ritter im Mittelalter.

Diese Lebenserfahrung hat mich sehr geprägt in meinem weiteren Leben. Ich bin sehr vorsichtig, sogar ängstlich geworden. Meine Schwester war im Kultusministerium Frauenbeauftragte. Ich habe mich mit ihr auseinandergesetzt, viel mit ihr geredet, freundschaftlich, immer bereit zu lernen, auch mich zu ändern. Ich bin ein regelrechtes Opfer dieser Sache geworden, bis schließlich gar nichts mehr von mir übrig war. Es hat eine lange Aufbauarbeit gebraucht, bis ich wieder zu mir und zu den Frauen, aber auch zu den Männern gefunden habe.

Ich denke sehr über diese Sache nach, immer noch und immer wieder. Es gibt zum Beispiel auch Dirigentinnen, die diesbezüglich große Probleme hatten und sogar an der sehr altbackenen Männerwelt des Orchesters gescheitert sind.
Joyce Shintani beispielsweise, Dirigentin unter Dennis Russel Davies in der Stuttgarter Oper der 80er Jahre. Die Männer im Orchester haben sie nie ernst genommen und sich sogar lustig gemacht über sie. Obwohl sie, eine Kalifornierin und eine gute, wenn auch nicht autoritäre Dirigentin, eine wirklich wunderbare Frau war. Ich habe sie richtiggehend verehrt.

Ich habe sie als Übersetzerin für die Universal Edition in Wien kennengelernt.

Genau. Sie hat das Dirigieren schließlich ganz aufgegeben. Sie hat sehr darunter gelitten.

Ich beschäftige mich weniger mit dieser Thematik. Ich nehme die Ansprüche der Frauen grundsätzlich sehr ernst. Aber ob jemand einen Bart hat oder keinen... Ich kann darüber nur sehr wenig sagen.

Ich beschäftige mich immer noch sehr intensiv damit. Vor allem die Auswirkungen auf uns Männer in der Politik und im Sozialen. Ob ein rigoroser Feminismus die Trennung der Geschlechter forciert, die eh durch das Arbeitsleben schon an einem kritischen Punkt angekommen ist. Auch was Familie und Zukunft betrifft.

Mich hat es eigentlich nie interessiert. Ich habe es immer als eine in sich begründete Spielform angesehen, die von den eigentlichen Dingen ablenkt, dass man sich auf das Individuum konzentriert, bezieht, das Individuum in seiner Art ernst nimmt und nicht weil es männlich oder weiblich ist.

Das ist natürlich jetzt eine schöne allgemeine Abstraktion, die –

Ich konnte sowohl mit dem marxistischen wie dem feministischen Denken nie etwas anfangen, obwohl man es nicht so gegeneinanderstellen kann. Da stecken auch ganz andere Motivationen dahinter.

Viele Feministinnen würden dir an den Hals springen, wenn man das gleichsetzt oder auch nur als Antithesen zu beschreiben versucht.
Herbert Marcuse hat gegen Ende seines Lebens geglaubt, dass nur die Frauenbewegung überleben wird.

Beides war mir jedenfalls immer sehr unangenehm, dieses Beharren auf einer vom anderen völlig abgegrenzten Eigenwertigkeit. Eigenwertigkeit, wenn ja, dann ruht sie in sich und nicht im Anderen, und sich durch andere zu definieren, das geht auch in anderen Bereichen nicht. Auch in der Kunst ist es höchst problematisch. Ex negativo: dass man das nicht und das nicht und das nicht, ist... Dieses kategorische Abgrenzen, etwas nicht zu sein, statt etwas zu sein.

In der Negation ist ein Satz oft schlecht und schwach. Aber um sich zu finden, ist doch oft auch eine pronouncierte Antithese notwendig oder? Um sich zu finden, sein Ich, seine Besonderheit, Eigenart?

Das will ich gar nicht ableugnen. Wahrscheinlich habe ich selber auch schon so reagiert. Aber es entzieht sich auch meinem Interesse, dabei zu verharren.

Es hängt mit der Lebensgeschichte, den persönlichen Erfahrungen und Lebensformen zusammen. Ich habe auch den Versuch der Bildung einer Männergruppe miterlebt. Quasi als Nachahmung der vielen Frauengruppen, die es damals gab. Aber wir haben uns nicht verstanden, uns bald aufgelöst und sind dann auseinander gegangen.

ജര

Gibt es ein Musikstück von dir, das dir besonders am Herzen liegt?

Ich werde das oft gefragt, kann es nie beantworten. Wie stehe ich heute zur „Hamletmaschine", die ich vor 30, 35 Jahren komponiert habe? Das Stück ist mir wie jedes meiner Stücke eines meiner liebsten, weil es eines meiner besten ist. *(Lachen)*

Was dir emotional am nächsten steht; nicht unbedingt, dass es super gut komponiert ist.

Das passiert mir mit jedem Stück: dass es mir fern rückt oder dass es mir wieder nahe rückt. Aber das finde ich so unerheblich; wie ich mich dazu verhalte: so unwichtig. Ich bin damit beschäftigt, das nächste zu finden und das füllt mich ganz aus.

Was heißt das, das nächste Stück?

Die nächste Note, den nächsten Ton, nächstes Stück, Schritt, Handeln. Das Nächste eben.

Bei der Aufführung jetzt des Streichtrios von 1977 hast du weinen müssen.

Wegen der Gelungenheit der Interpretation. Mich hat nicht nur die Musik gerührt (– das auch, aber –), mich hat gerührt diese ungeheure Leidenschaft der Spieler, sich einer Sache zu verschreiben mit einem Ernst, der mich tief getroffen hat. Die Gelungenheit der Aufführung. Das Unabdingbare des Darstellungswillens. Dass es nicht den Hauch von Nachlässigkeit oder Routine oder Dienst nach Vorschrift, von irgendetwas Schein-Professionellem gab. Eine durch und durch tiefe bis abgründige Beschäftigung war spürbar. Das hat mich so überwältigt.

Die Fähigkeit zu einer faszinierenden Interpretation hat dich berührt und emotionalisiert. Mich hätte wohl eher die Jugend, die Distanz zu der damaligen Zeit, wie sie jetzt und mittlerweile vergangen ist, dies hätte mich emotionalisiert.
Mir ist das Altern ein Problem. Wenn ich die Jugend sehe, wie sie mit Schwung und Freude und Leidenschaft sich in diese Welt stürzt, die meine frühere auch war, deine auch in diesem Stück.

Es war ein junges Stück voller Vitalität und Lebendigkeit und Heftigkeit.

Macht dir das Altern nichts aus?

Nein, ich empfinde es sogar als Strukturzuwachs.

Ok. Dann hilf mir, wie ich davon profitieren kann. (Lachen)
Was meinst du mit Strukturzuwachs?

Man hat eine viel differenziertere Sicht auf Vieles. Die Erfahrungen sind perspektivischer.

Ja. Dass alles aber auch wieder schwerer wird meiner Meinung nach. Man hat einen größeren Durchblick, es werden Fehler wiederholt von anderen und auch in der Politik, es wiederholt sich so Vieles. Man kann doch nicht immer wieder sagen, macht es nicht noch einmal so, das Rad muss nicht immer wieder neu erfunden werden...

Ich empfinde das Altern als etwas erstaunlich Reiches. Die physischen Gebrechen kann ich auch eher mit Gelassenheit akzeptieren. Es stört mich nicht, dass ich mich manchmal am Rand einer gewissen Lächerlichkeit bewege. Das gilt natürlich nur für mich selber, daraus kann man kein Modell machen. Ich akzeptiere das, so wie ich bin.

Den Verfall zu diagnostizieren, zu beobachten wie Gottfried Benn in seinen Rönne-Novellen?

Ist es nicht so, dass man mit dem Verfall vor allem in der Jugend zu tun hat, ihn dort besonders fürchtet?

Ja, ich habe immer den Tod gefürchtet, sehr sogar, fast krankhaft. Es geht uns eigentlich gut, wenn ich uns betrachte, dich und mich, wohl auch körperlich. Es sind ja auch schon einige gestorben um uns herum. Es ist vielleicht falsch und unfair dem Schicksal gegenüber, wie ich mit dem Altern umgehe. Das Produzieren und Arbeiten und immer noch sinnvoll Beschäftigtsein ist natürlich eine große Hilfe, ein Glück für uns beide.

Vielleicht gibt es bei mir auch eine stoische Haltung, wie soll ich es beschreiben – eine Neigung, etwas so, wie es ist, anzunehmen –

Über das Unabänderliche soll man sich keine Gedanken machen, sagen die Römer...

Es liegt jedenfalls bei mir kein Entschluss dahinter, stoisch zu sein.

Ich studiere immer noch und immer wieder die verschiedenen antiken Schulen, wie man damals gelebt hat, was heute noch gültig und nützlich sein kann, was nicht – Sextus Empirikus.

Pyrrhonische Skepsis.

Ja, Gleichwertigkeiten aufstellen: das stimmt, das stimmt auch, z.B. bei These und Antithese. Man will immer sofort wissen, was richtig, was falsch, was gute, was schlechte Musik ist. Das führt dann schließlich zum Dogmatismus.

Der erste Gegenstand einer skeptischen Betrachtungsweise: Wie man Skepsis selbst betrachten sollte, ist doch wohl die Skepsis an der Skepsis –

Ich löse die Problematik damit, dass ich das Chaos-Denken akzeptiere. Dass alles voller Widersprüche ist, voller Chaos. Wahrheit gibt es bei mir nur von Fall zu Fall. A kann auch Nicht-A sein, Widersprüche, viele Wahrheiten auszuhalten lernen –

Da darf man sich aber auch nicht nur einrichten. Das wäre dann Bequemlichkeit.

Wenn ich ein festes Fundament hätte?

Nein. Wenn du mit dieser Widersprüchlichkeit eine verfügbare Deutungsmechanik über alles legen könntest, wäre das schon ein Widerspruch, denn diese wirkliche Widersprüchlichkeit – ich möchte das mal so unterscheiden – gründet auch darin, dass man überrascht wird von plötzlichen Sicherheiten, auch eingenommen wird von diesem Sich-im-Unsicheren-Einrichten. Das finde ich genauso problematisch wie sich prophylaktisch im Sicheren einzurichten.
Zu sagen, ich bin jetzt für alles offen, das versteckt die Erfahrung, dass es durchaus Situationen gibt, wo man eine ganz klare kategoriale Mahnung auch in sich spürt: Das ist richtig und das ist falsch und dass ich das dann auch genau weiß.

Diese Wahrheit gibt es auch, obwohl es viele Wahrheiten gibt; aber sie gilt immer nur für einen selber und von Fall zu Fall.

Daraus eine Kodifizierung zu machen und ein Gesetz, das durchzusetzen wäre, das anderen gegenüber auch als Druckmittel eingesetzt wird, das ist natürlich – ich will nicht „falsch" sagen, aber es ist lebensfremd. Warum soll ich aus meinen Gesetzen ein Gesetz für dich machen?

Doch wie steht es mit den Gesetzen, wie ein Staat aufgebaut sein soll?

Das ist eine Übereinkunft, der man sich freiwillig unterordnet und die man auch akzeptiert. Sonst würde alles im kollektiven Individualismus und Egoismus zusammenbrechen.

Sich im Unsicheren einrichten und nicht einrichten. Ja, wo denn nun eigentlich? Wo bist du denn dann?

In der Bewegung bin ich. Das ist natürlich ein Wunsch. Der tiefe Wunsch, in der Bewegung zu sein. Schließlich geht es um Kunst.

In welcher Bewegung?

In der geistigen Bewegung, auch manchmal in der physischen Bewegung, quasi ambulatorisch.

Goethe, „Wilhelm Meister, Wanderjahre" – Bewegen, Maß und Mitte finden, Ablenkung, Reisen. Aber die allerwichtigste Botschaft von Goethe in diesem Buch lautet doch: Entsagung, also Verzicht.
Gut so?

Ja, wenn damit auch noch etwas Lust verbunden ist. Entsagen heißt ja nicht, sich etwas abkneifen, abzwicken.

Doch! Goethe hat als 74-Jähriger sehr zum Entsetzen seiner Umwelt einer 19-Jährigen noch einen Heiratsantrag gemacht.

Ja eben, also hat er nicht entsagt *(Lachen)*, einer natur-notwendigen Entsagung das Feld bereitet: Das ist doch Zusage, Bejahung im tiefsten Sinn.

Walser hat jetzt auch noch eine junge Frau gefunden –

Dazu kann ich nicht auch noch etwas meinen.

ಣದ

Es geht jetzt um das Reale und das Irreale. Kannst du mit den beiden Begriffen etwas anfangen? Siehst du dich als Realist, der in der Realität sich bewegt?
Eben hast du gesagt, du liebst die Bewegung, auch das geistige Bewegen, welches doch manchmal auch etwas Irrationales sein kann, oder?

Ich bin eigentlich Pragmatiker, in meinem künstlerischen Handeln sehr praxisorientiert. Auch einer gewissen Effizienz verschworen. Die aber vor dem Hintergrund geschieht, dass das Irrationale die Grundquelle ist.

Von dir, von allem, von was?

Selbstverständlich von allem.

Was verstehst du unter dem Irrationalen?

Etwas, das sich einer Maßgabe nicht unterordnet und unterordnen lässt, die den Anspruch setzt, Folgerichtigkeit zu garantieren.

Weil man weiß, dass diese Maßgabe oder Maß-Setzung nur zeitlich begrenzt gültig wäre? Und weil etwas Anderes dann dahinter stehen kann und noch viel größer würde? Das neu entdeckt wird, was wir noch gar nicht kennen, noch gar nicht wissen können?

Weniger auf die Zukunft gerichtet als auf die Erfahrung des Bestehenden. Ich greife gar nicht so weit aus in die Zeit. Alles liegt viel näher.

Und ist das bezogen jetzt nur auf die Musik oder auch auf das Leben, das eigene Leben oder welche Art von Leben?

Vor allem auf die Musik, auf die Kunst... Das eigene Leben kann ich natürlich nicht davon loslösen. Das wäre mir völlig fremd, dass ich sage: Hier geschieht Leben und hier geschieht Kunst. Als wenn ich von da nach da mit einer Aktentasche zur Arbeit gehen würde.

Siehst du dich darin als einen Irrationalisten?

Auf eine sehr rationale Weise natürlich sehe ich mich als einen Irrationalisten. Aus purer Einsicht, aus Gründen der rationalen Sicht auf mich und auf Kunst sehe ich mich als irrational. Das ist die Voraussetzung, sich als irrational zu erkennen. Es setzt voraus, dass man hoch-rational die Dinge angeht.

Der Kreis hier vor uns ist die Rationalität; dort steht Irrationalität, die deckungsgleich werden kann an ihrer Begegnungsstelle mit dem Kreis. Du sagst, man kann sie jedoch nur als Rationalist erkennen, denn Erkennen setzt schon Rationalität voraus. Irrationales Erkennen wäre doch vielleicht ein Widerspruch.
Obwohl ich mit meiner Frage vielleicht etwas ganz Anderes gemeint habe.

Vielleicht die Triebhaftigkeit?

Das wäre etwas Emotionales.

Das Emotive, das etwas in Bewegung setzt, ohne dass es zunächst gerichtet wäre.

Für mich ist das Irrationale immer die Unendlichkeit, die vor uns steht: zeitlich, physisch, geistig. Auch als das dem Rationalen nicht Zugängliche.
Dass man immer wieder etwas Neues entdeckt, wieder eine Theorie ersetzt durch eine andere, angeblich bessere und so fort. Nochmal neue Wahrheiten, neue Erkenntnisse. Nochmal neue Menschen, die auch ins Spiel kommen, ein neuer Musikstil, neue Moden, Roboter, Kulturen...

Aber das bewegt sich in einem Bereich, den ich überhaupt nicht in rational oder irrational einteilen könnte. Das ist etwas, das ich den Erfahrungsbereich nenne, der zunächst noch ohne Vorschrift, ohne Wertungsvorschrift an mich herankommt, in mich eindringt. Dann beginnen ja erst diese Wertungsvorgänge als rationale oder irrationale Reaktionsformen.

Und wenn man über die Realität nachdenkt, siehst du dich in der Realität stehend?

O ja, natürlich.

Ich sehe dich überhaupt nicht da drin. Ich sehe mich viel mehr in der Realität als dich. Das ist nicht negativ –

Nein, das ist interessant, wie du das siehst. Ich sehe mich völlig in der Realität, auch in der physischen Realität einer Wahrnehmung von Sinnesreizen, von geistigen Impulsen. Oder was meinst du jetzt mit Realität?

Das ist genau der Punkt der Definition. Du machst nach meiner Einschätzung eine „Musica reservata", wie es das früher auch immer wieder gegeben hat. Diese Musica reservata schließt sich im Soziologischen schon bewusst aus innerhalb einer Menge, einer Masse, einer Mehrheit, grenzt sich davon ab. Du freust dich fast darüber, das hast du auch schon erwähnt, das ist auch richtig so. Man muss nicht immer in der Menge, der Masse sein, um Musik oder Kunst zu machen. Dennoch bist du für mich in einer Welt mit einem genau abgezirkelten Bereich und einem Publikum, das deine Musik hört und liebt. Das stelle ich jetzt einmal ganz ohne Wertung fest.

Schon klar. Aber man kann das genauso von einer ganz anderen Sicht aus sehen. Du siehst es so, weil ich im Bereich der so genannten Neuen Musik aktiv bin. Dort bin ich eine mehr oder weniger verdächtige, weil populäre Gestalt.

Das gehört eben zur Struktur unserer Welten, in welcher wir uns befinden. Jede dieser Welten entwickelt auch Antithesen, mit Kämpfen, Durchsetzungs-Strategien und egal ob in einer populären Welt, die vom Geldverdienen beherrscht wird oder einer Musica reservata, die sich auf den Geist, das Denken, Kunst und Geschichte zurückziehen kann. Auch du hast in dieser deiner Welt deine Anhänger, deine Feinde.

Aber ist das überhaupt gut, darüber nachzudenken?
Es ging um Realität. Welche Realität meinst du? Ich bin jemand, der allen Dingen des Lebens sehr offen gegenübersteht. Ich schließe mich nicht ab oder aus oder ein: in irgendwelche Reservate oder esoterische Zirkel.

Nein, das ist bei dir auf keinen Fall so. Du bist ja auch ein wacher Mensch, als Künstler sensibel, für viele Dinge offen. Doch jetzt kommt der nächste Schritt – ich weiß nicht, ob du darüber reden willst, musst es auch nicht. Bist du ein politisch denkender und politische Kunst machender Mensch? Das wäre doch Realität!

Mit der Aufschrift „Politik – Nach Klopfen bitte eintreten" bin ich gewiss nicht politisch. Ich bin eher darin politisch, dass ich das wahrnehme, was geschieht und es zu verstehen suche. Aber ich strebe nicht eine berufliche Handlungskompetenz als mündiger Bürger an. Ich will kein politisches Amt.

Politische Musik könntest du doch zum Beispiel machen.

Das gibt's für mich nicht.

Der frühe Henze, auf in den Kampf, Weltrevolution.

Nein, das ist doch Krampf. Politische Musik, das ist doch nur eine Bezeichnung.

Ich denke ganz anders. Büchner zum Beispiel, wenn man von der Musik weggeht, das war doch politische Kunst, politische Literatur.

Das verkürzt die Sache der Kunst natürlich auf einen Aspekt, eine einzige Perspektive.

Du reduzierst es nur auf die Sprache, auf das Denken. Du meinst, es kann keine politische Musik geben. Die Chef-Ideologen der DDR in Sachen materialistische Ästhetik wären dir früher an den Hals gesprungen. Keine Einreise-Erlaubnis! Staatsfeind, Verführer der Jugend!

Ja, höre dir diese Musik von damals doch mal an.

Beethoven und Schillers „Götterfunke", das ist doch politische Musik?

Das wird benutzt bei politischen Staatsakten. Wenn du jetzt meinst, wenn das Menschliche als das Freiheitliche angesprochen wird, dann ist jede Note, die ich schreibe, politisch. Aber es steht nicht drauf, ich mache es nicht in Einmachgläser und verkaufe es als politische Musik. Sicher kann man meine Stücke nicht verwenden für eine Pegida-Demonstration, da bin ich schon mal dankbar. Bin ich jetzt deswegen politisch?

Natürlich! Es ist eben eine Definitionsfrage: Was ist ein politischer Mensch?

Das ist jemand, der in die Gestaltungsräume der Politik drängt. Aber auch einer, der genau das nicht tut, eben weil er um die Gestaltungsmöglichkeiten dort weiß.

Und der Künstler?

Ich dränge, wenn, dann in die Gestaltungsräume des Kunstlebens, ich versuche da segensreich zu wirken. *(Lachen)*

Jetzt hast du das Wort „politisch" einfach nur weggelassen.

Ich versuche natürlich, mit meinen Mitteln zu helfen, zu unterstützen im Kunstbereich, der mir erreichbar ist. Ich kann jetzt nicht im Wirtschaftsbereich sagen, dass ich da ein Amt anstrebe. Ich kann mich nicht als Oberbürgermeister aufstellen lassen.

Willst du nicht mit deiner Musik etwas bewirken? Politische Handlungsanweisungen geben. Mit deiner Kunst nicht nur geistig oder emotionale Erfahrungen –

Das sind doch die Voraussetzungen politischen Denkens, dann ist es natürlich so. Wenn ich ein Stück schreibe, wird es doch klar, dass das nicht getrieben ist von dem Ideal einer Unterordnung des Menschen unter Gesetzmäßigkeiten, sondern eher vom Ideal einer freien Entfaltung des Individuums, dann ist das meine politische Aussage, bitte.

Aber das halte ich für so etwas Natürliches, dass ich es jetzt nicht als eigene Rubrik des Deutungsrahmens, dem gegenüber ich mich befinde, akzeptieren möchte, sondern das ist etwas für mich Naturgemäßes, um mit Thomas Bernhard zu sprechen.

Alle deine Opern sind sehr politisch, meiner Meinung nach. Alle handeln von einem Leben, wie es ist, sein sollte oder sein könnte. Das ist meine Definition politischer, sogar philosophischer Kunst, sofern es das geben kann. Und da sind nicht nur die Regisseure, Bühnenbildner, Texter etc. gefragt.

Hoffentlich!

Wenn auch nicht absichtlich von dir so intendiert.

Aber natürlich. Trotzdem halte ich das nicht für politische Musik.

Es ist nicht eine eng gefasste Agitationsmusik. Kunst wird politisch, wenn man die Ebene der Interpretation betritt. Ich habe politisch zu sehr vielleicht auf funktionale Musik begrenzt, welche die Leute zum politischen Handeln aufruft und dergleichen.

Auch die Leute zur Konterrevolution aufzurufen wäre ästhetisch diskutabel? Oder nicht?

Wir waren bei der Realität. Ob du dich in der Realität siehst – du siehst dich sehr stark in der Realität. Dann: wie man sich in der Realität bewegt – rational natürlich, nicht irrational, vor allem nicht esoterisch. Aber als Rationalist muss man auch die Irrationalität anerkennen, die es gibt.

Lass mich noch einmal zurückkommen auf den Realitätsbegriff. Was du damit meinst. Realität ist für mich: Ich lebe nicht in einem abgeschlossenen Bezirk, ich lebe nicht in einem entrückten Schloss wie der Maler Baselitz, ich habe keine Sekretariate, ich lebe mitten in der Stadt in einem Mietshaus. Ich habe Kontakt mit Menschen, ich gehe einkaufen, ich nehme am sozialen Leben der Stadt teil, ich bin nicht irgendwie eine Pop-Ikone, in einem mit Selbstschussanlagen geschützten Bereich, residiere mit Tausenden von Sekretären und Dienern um mich herum, das bin ich nicht.

Ich bin ein ganz normaler, der Realität zugewandter und in dieser Realität lebender Mensch. Ich gehe mit meiner Frau einkaufen samstags, welches Brot kaufen wir ein, ich telefoniere mit meinem Sohn und solche Geschichten...

Für mich schließt Realität ein, das Andere zu suchen, vielleicht sogar das Antithetische. Um Welt und Wirklichkeit kennenzulernen. Es ist immer dabei auch ein Risiko vorhanden in meinem Leben, ich bin auch immer nur bis zu einer gewissen Grenze gegangen, Gott sei Dank. Ich hatte einen guten Schutzengel. Meine Schwester hat mich in ihren Horrorvisionen schon als einen Heroinsüchtigen auf der Straße liegen gesehen in meiner Zeit, wo ich in der Rockszene aktiv und unterwegs war. Ich habe noch nie Rauschgift genommen, war weder in Bordellen, Swinger-Clubs noch Darkrooms und habe mich auch nicht an extremistischen Demonstrationen beteiligt.
Mich hat jedoch immer das Fremde, das Andere, das Antithetische auch gereizt, fasziniert, und ich habe in meinem Leben vieles erlebt und gemacht und auch ausgehalten, ertragen, was andere sich nicht getraut hätten. Das heißt, meine Realität definiert sich sehr stark aus diesen Antithesen.
Manche haben mir schon Masochismus unterstellt, es gab Spannungen, schlimme Spannungen, sogar im persönlichen Leben, in der Liebe. Bei Frauen habe ich gemerkt, dass mich Antithesen zerreißen. Ich habe mich dennoch darauf eingelassen. Oft war es schließlich nur noch Qual, Leid, Sehnsucht nach dem wieder Anderen. Ich bin erst sehr spät auf das römische „idem velle et idem nolle" gekommen, Gleiches wollen und Gleiches nicht wollen...
Da bin ich jetzt schon seit 25 Jahren gelandet. In einer Ehe, in einer Familie, und das ist mir recht so.
Aber ich bin sehr neugierig gewesen und immer noch. Vielleicht hängt es mit dem Journalismus zusammen, dass man immer wieder etwas Neues finden muss, Augen und Ohren offenhält, neugierig bleibt, um die Leser an die Zeitung, an die Person zu binden.

ஐCR

Reden wir von Esoterik. Was hältst du davon?

Das ist etwas, das sich mir entzieht, weil diejenigen, die davon sprechen, in der Art sprechen, als hätten sie den Auftrag höherer Mächte und da halte ich mich, was die Kunst angeht, an Sigmar Polke: Höhere Mächte befahlen ihm, die linke obere Ecke schwarz zu malen. Ich kann Esoterik offenbar nur mit einer ironischen Brechung ertragen.

Ein Musiker-Freund von mir hat immer Jesus Christus am Kreuz gefragt, ob er die oder diese Aktien kaufen soll. Mit dem Ergebnis, dass er sich bös verschuldet hat.

Auch Jesus hat mal einen schlechten Moment.

Ich mag Orakel. Das chinesische I Ging. C.G. Jung hat es geschätzt, etliche andere, John Lennon –

– über den Leipziger Verlag Kurt Wolff, übrigens der Vater von Christian Wolff, kam das I Ging auch zu John Cage –

Bei existenziellen Fragen habe ich immer dieses alt-chinesische Orakel befragt. Es sagt nicht, du musst das und das tun, sondern es bietet einem Bilder an, die einem eine Entscheidung klarer werden lassen. Das Orakel sagt nicht: Tu dies oder tu das, sondern es bietet Bilder an für eine Interpretation, die man selber machen muss. Das heißt auch: Es lässt dein Unterbewusstsein sprechen.

Ich handle nach meinem Instinkt. Instinkt und Intuition sind für mich die wichtigsten Erscheinungsformen der menschlichen Handlungsfähigkeit. Das ist dann mein I Ging.

Vom Gefühl, vom Bauch her, das heißt spontan, handele ich auch oft. Meistens liege ich richtig. – Themenwechsel Astrologie. Alle haben früher an den Einfluss der Sterne geglaubt, die Römer, sogar Thomas von Aquin. Der Mond hat einen Einfluss auf die Frauen –

Wahrscheinlich auch auf die Männer. Da bin ich mir sicher. So ein großer Himmelskörper in greifbarer Nähe, er muss einen Einfluss auf alle Menschen haben. Wenn sich das Meer wegen dem Mond bewegt, meinst du nicht auch, dass sich auch unsere Körpersäfte wegen des Mondes bewegen? Das sage ich ehrlich und ohne Ironie.

Die Frauen mit ihren 28 Tagen, dann Eisprung – alles unter dem Einfluss des Mondes... Saturn, Venus – akzeptierst du auch deren Einfluss auf uns?

Warum nicht? Das kann sich auf eine interessante Weise in einem systematisch ausgestalteten Umfeld verorten. Der Versuch des Menschen, sich einen Ort zu geben. Gänzlich nur im Nichts als Nichts mit Nichts zu existieren, geht nicht. Das ist

unerträglich. Also sagte man: Wir sind Teile des jeweilig verfügbaren, weil erkennbaren Makrokosmos. Dann werden die Planeten genannt, nach und nach wird in die Struktur des Mikrokosmos geschaut – auch hier sind die gleichen Prinzipien am Werk. Die geben uns unseren Ort. Das ist kein dummer Gedanke.
Ich schließe daraus nicht, dass Tonfolgen oder Form-Genesen meiner Werke davon abhängen, aber ich bin durchaus bereit anzuerkennen, dass das, was wir Leben nennen, ohne Bezugnahme zu diesen Größen, diesen massiven magnetischen Kräften, nicht existieren könnte, so, wie es existiert. Das enthebt mich ja nicht der Entscheidung, schreibe ich jetzt ein cis oder ein fis.

Es schließt billige Astrologie mancher Revolverblätter jedenfalls aus.

Auf deren Niveau haben wir uns sogar noch nicht einmal bewegt, als wir über das Politische sprachen.

Sphärenharmonie – Was hältst du davon? Glaubst du daran? Keplers Einfluss auf die Musiktheorie.

Das Verorten des Menschen in einem übergeordneten Sinn-Zusammenhang.

Kann die Spiegelung des Mikrokosmos im Makrokosmos und umgekehrt sich bis in die Musik hinein fortsetzen?

Möglicherweise ja. Würde mich nicht stören.
Wenn jemand sagt, das sei so, dann sage ich: schön; ich handele trotzdem nach meinen Vorstellungen. Und wenn es so ist, werden ja auch meine Vorstellungen, mein Vermögen, mein Tun, mein Können davon bestimmt, ob ich es will oder nicht – es würde mich nicht stören.
Wenn es so ist, bitte, ich habe nichts dagegen. Nur verschont mich damit und mit der Begründung nach dem Motto: Ich schreibe leider schlechte Musik, aber die Sterne befehlen es mir. *(Lachen)*

❧☙

In der Musikhochschule Stuttgart sind vor etlichen Jahren Hans Werner Henze und Helmut Lachenmann im Rahmen eines Rundfunk-Ateliers, wie es genannt wurde, aneinandergeraten. Ich will diese Kontroverse noch einmal aufgreifen, weil sie für die musikästhetische Diskussion wichtig geworden ist.

Es ging um den Sprachgebrauch, den Schönheitsbegriff, um den von Henze gebrauchten Begriffs „Happiness". Das muss man aus der Zeit heraus verstehen. Ich sehe darin keinen wichtigen Punkt oder gar einen Paradigmen-Wechsel. Es hat schon viel mit Stuttgart und der Atmosphäre dort zu tun, wird bestimmt auch von der augenblicklichen Stimmung im Raum, vom Genius loci. Es bringt nichts, wenn man diese Thematik wie Marmelade einkocht und davon immer wieder probiert. Es wird davon auch nicht besser.

Sprechen wir vom Ende dieser Kontroverse, das Ergebnis, das mir in Erinnerung geblieben ist.

Das Endergebnis ist, dass sich beide vor Henzes Tod gut wieder miteinander verstanden haben.

Auch versöhnt haben.
Es ging um Schönheit. Adorno sagt, nach Auschwitz kann keine schöne Musik mehr gemacht werden. Das war der Punkt, der unterschwellig immer bei Lachenmann mitgeschwungen hat.

Ich glaube, man kann überhaupt keine schöne Musik „machen". Man kann auch keine hässliche Musik machen. Sowie man absichtlich etwas machen will, wird es blöde. Die Musik beginnt zu schielen. Es genügt, Musik zu machen.

Trotzdem hat in unserer Welt, der Welt von Pop und Design, Film und Architektur, der Schönheitsbegriff einen ganz großen Siegeszug angetreten, sagen wir mal seit den 80er Jahren des letzten Jahrhunderts, ein klar erkennbarer Sieg über den reinen Zweckrationalismus, auch den Funktionalismus. Im Design ist Schönheit ein extrem wichtiger Begriff geworden, nicht mehr Form und Funktion. Alles muss schön sein, akklamiert, bewundert werden. Stars, Häuser, Models, Intellektualität. Die jungen Männer gehen in die Mucki-Buden und jedermann stylt sich wie auch immer, um seine „Individualität" unter Beweis zu stellen.
Was ich sagen will: Es geht nicht um gut oder schlecht gemacht, wie bei dir in der Kunst, auch nicht so sehr um gesund oder ungesund, sondern es geht gerade auch heutzutage einfach nur noch um Schönheit. Und innerhalb dieser Modewelle steht

nun ein Musiker der Neuen Musik, Henze, da vor uns, wir mit unseren Hornbrillen und dem „stile intellectuale", und er plädiert ganz offen für eben das Gleiche.

War das nicht schon bei den Griechen so?

Natürlich, weil es den Begriff der Schönheit immer schon gibt, Platons Ideen der Schönheit, Wahrheit und Gerechtigkeit. Wahr soll die Kunst sein, sagte man dann später, sich für Gerechtigkeit einsetzen und auch noch schön soll sie sein. Siehe das Lehr-Theater von Brecht, sein politisches Theater hat doch einige Jahrzehnte dominiert. Und jetzt soll dieser nützliche und aufklärerische Spuk plötzlich wieder zu Ende sein. Blendung und Schein sind wieder präsent.

Es könnte ja unter dem Begriff „Schönheit" ein anderes Verhalten firmieren. Aber das von dir eben betont den Körper, die Darstellung der Schönheit durch das Körperideal. Die Schönheit der Architektur ist ja nicht eine Erfindung unserer Tage. Überhaupt Ästhetik...

Darum geht es nicht, sondern darum, dass dieser Begriff plötzlich im Rahmen der Neuen Musik trotz des Verdikts von Adorno wieder auftaucht, dass Henze diesen Begriff für sich und seine Musik expressis verbis proklamiert („Ich will schöne Musik machen."), sich damit bald aber in einer heftigen Verteidigungshaltung wiederfindet und Lachenmann deshalb direkt angreift.

Für Lachenmann war jedoch Schönheit eher nur noch Lüge, Schein, Verführung. Danach ist die Diskussion ja erst losgegangen in unserem Land und immer wieder kam dabei Adorno ins Spiel.

Mich würde, wenn es mir um Schönheit ginge, jeder andere Anspruch an Schönheit auch ärgern. Aber es geht mir weder um Schönheit noch um Hässlichkeit.

Sondern?

Um die Fülle des Lebens. Ohne Ausgrenzungen, Verdikte, einengende Maßgaben. Ich weiß, das ist utopisch. Es geht mir um Kunst.

Immer wieder Kunst: Was ist das bitte? Wozu? Wie soll diese Kunst sein: schön, politisch, traurig, tanzbar...

Die Frage „Wozu?" ist die typische Frage aus der Nutzerperspektive, die einem

Lebensvorgang erst dann ein Recht zubilligt, wenn er begriffen wird als zielgerichtet, als ein teleologischer Vorgang, der Nutzen trägt.

Ich sagte funktional. Schönheit ist auch eine Funktion von etwas nicht nur in der Kunst.

Ein funktionaler, aber durchaus auch zielgerichteter Vorgang. Am Ende muss ein Nutzen stehen.

Das Ziel weiß man doch oft nicht, vor allem, wenn man keine bewusste politische Musik macht oder nur um des Geldverdienens willen produziert. Kunst soll eine Funktion besitzen. Schönheit, Verführung, Botschaft – wenn sie das nicht hat, was hat sie dann bei dir? Bist du ein Strukturalist, ist die Kunst bei dir nur eine Struktur, etwas gut oder schlecht Gemachtes? Sie existiert als ein Zeichen von Leben, geistig, kunstvoll, lebendig, vielleicht auch nur für die Geschichtsbücher...

Es gibt gerade in der Musik Bewegungspotenziale bis ins Psychische hinein, die kannst du nicht mit der Wertung „schön" fassen. Sie sind zu umfänglich, zu komplex, da bewegt dich etwas in einer Weise, das –

– mehr als schön ist?

Das jenseits einer kanonischen Einordnung sich bewegt, das bis in dein soziales Verhalten hinein dich auch zu durchdringen versteht. Wenn du eine bestimmte Musik erfahren hast, und sie hat zu dir so gesprochen, dass du sie in einer Weise hast wahrnehmen können, wie vielleicht noch nie jemand sie wahrgenommen hat, du wirst dann ein anderer sein. Du wirst jemand sein, der auch zu deinen Nächsten ganz neu und anders sprechen kann.

Da bin ich skeptisch. Das ist meiner Meinung nach eine Utopie ganz im Sinne von Lachenmann. Und wenn du mir helfen könntest, ein Wort für diese Art von Musik zu finden, die einen so verändern kann, das wäre natürlich ein Schritt weiter. Musik kann, aber sie darf nicht schön sein in der Sicht mancher Neue-Musik-Apologeten.

Natürlich darf und kann sie schön sein! Wer erlaubt oder verhindert dieses Dürfen? Sie kann sehr wohl schön sein, selbst wenn sie auch nur für dich schön ist, denn „bei mir bist du schön". *(Lachen)*

Jetzt brichst du unsere Diskussion wieder, ohne eine Antwort gegeben zu haben. Vielleicht gibt es auch keine Antwort auf meinen Wunsch nach einer neuen Begründung. Vielleicht habe ich auch alles nur missverstanden. Obwohl eine heftige Polemik auch gegen mich im Blätterwald daraufhin entstanden ist.

Brechung ist wichtig, vielleicht zeigt sich dann etwas vom Inneren.
Schönheit – du nimmst Schönheit auch oft erst wahr, nachdem du längere Zeit gedacht hast, etwas sei nicht schön. Plötzlich zeigt es sich dir und du spürst eine Schönheit.

Jetzt beißen wir uns fest an den Definitionen, wie Lachenmann es verstanden hat oder wie Henze es gemeint haben könnte.

Wir reden doch ganz frei in unserer Weise. Dass mir diese durch die Zeit mehr oder weniger anekdotisch überlebten Begebenheiten nicht sehr aussagekräftig erscheinen – ich war nicht dabei, sonst könnte ich dir sagen, wie ich das empfunden habe. Manchmal ist auch die Stimmung der anwesenden Personen ausschlaggebend für solche Aussagen.

Es gab in der Presse eine Polemik unter der Überschrift „Lachenmann-Schmähung".

Eine gewollte Diskreditierung. Man wollte werten, das, was da geschrieben stand, als etwas Unzulässiges werten.
Du siehst, es hat alles immer mit Menschen zu tun! Es sind keine objektiven Dinge, es werden daraus wie in Stein gemeißelte antike Anekdoten, die über die Jahre hinweg perpetuiert werden als „einmal war" und „er sagte, dass", „O wirklich", „gewiss doch"...

Aber so funktioniert eben Geschichte, Geschichtsschreibung. Wir lieben dennoch irgendwie Geschichte. Es bedeutet aber letztlich nur, dass alle diese Steine in der Geschichte, die du eben persifliert oder in Frage gestellt hast, gar nicht stimmen.

Wenn ich sage, ich liebe Geschichte, dann verstehe ich darunter auch Geschichten. Ich weiß damit nicht nur zu unterhalten, sondern auch zu unterscheiden. Zwischen Geschichte, Geschichten, Geschichtetem und Geschichtchen.

Wir verfügen über die ganze Musik-Geschichte der Vergangenheit: von Gregorianik über das und das und bis in die Gegenwart hinein.

Wir verfügen über eine Auswahl. Das, was wir bewusst als Geschichte bezeichnen, ist nur eine sehr dezidierte Auswahl, die Gründe hat. Ein Bewusstsein dafür ist zu wecken. Es ist kein objektiver Bestand, sondern der muss erst einmal geweckt werden. Nicht: Es gibt das und es gibt das und das, sondern uns ist bekannt dieses, weil exakt das überliefert wurde mit dem und dem Grund. Das ist Geschichte.

Aus dem und dem Grund? Also auch die Geschichtsschreibung hinterfragen? Wer schreibt was und für wen?

Ja. Herauszufinden, warum etwas überliefert wird. Die geschichtlichen Quellen sind ja nicht Naturereignisse, sondern sie sind ja auch in ihrem Quelle-Sein eine Quelle, die gar nicht an uns gedacht hat. Viele Dinge stehen in Büchern oder sind gefolgert aus Funden. Aber all das, was gefolgert wurde, ist Interpretation im Interesse, im Interesse eines Denkens, das die Gegenwart der Beschäftigung bezeichnet und nicht unbedingt die gewesene, die geschichtliche Ereigniszeit.

Warum sind wir in einem Konzert so interessiert daran, einmal Mozart, dann Händel, dann auch noch Poulenc und Rihm zu hören, eine Vielfalt, die es früher noch nie so gegeben hat?

Tolle Zusammenstellung. *(Lachen)*
Das hat natürlich mit der Speicherung zu tun, denke ich, mit der Speicherqualität der Speichermedien, die uns inzwischen zur Verfügung steht.

Zu Mozarts Zeit war auch immer noch Bach und Händel in den Bibliotheken.

Bibliothek ist etwas anderes. Es bestand kein öffentlicher Zugang, kein Zugang für Nicht-Eingeweihte. Selbstverständlich hat Mozart Händel und Bach rezipiert, deutlich hörbar in bestimmten Werken sogar bis in die Stilkopie hinein.

Ich will darauf hinaus, dass ich das Gefühl habe, dass unser Zeitalter, ich nenne es immer noch historistisches Zeitalter und es ist etwa 120 Jahre alt, dem Ende entgegengeht. Gewiss hast du Recht mit deiner Einschätzung von Geschichte, warum man etwas konserviert für die Nachwelt, wie man mit Geschichte umgeht, dass man, indem man diese Geschichte auswählt, sich selber fragen muss, warum wählst du sie so aus und nicht anders. Dass also alles eine von Interessen geleitete Geschichtsschreibung ist. Trotzdem denke ich, dass dieses Zeitalter einer forcierten Betrachtung und Begegnung mit der Vergangenheit zu Ende geht.

Was heißt historistisches Zeitalter? Der Historismus liegt doch viel früher. In der Architektur Anfang des 19. Jahrhunderts mit klar fassbaren Handlungsanweisungen, in welchem Stil wir bauen sollen.

Ja, die Renaissance hat auch im Sinne des Historismus alte Zeiten wieder aufleben lassen. – Du relativierst jetzt den Begriff wieder.

Nein, ich frage danach, weil er mir in dieser Art so gar nicht bekannt ist. Historismus in der Gegenwart als eine ästhetische Arbeitshypothese, das ist ja eine Deutung, die nicht von den Produzenten stammt, sondern von der wissenschaftlichen Analyse oder wie auch immer. Sie stammt auch nicht vom Publikum. Das Publikum sagt nicht, wir wollen Historismus.

Doch, bei der Programm-Gestaltung. – O.k., dann lassen wir den Begriff weg.

Nein, verwende ihn doch! Er scheint dir aussagekräftiger, als er mir ist.

Das ist schon bei mehreren Begriffen so gewesen von uns beiden. Den Begriff der Postmoderne hast du ganz abgelehnt. Ich verweise exemplarisch, was Postmoderne allgemein, sogar im Denken sein kann, auf einen Aufsatz von mir in der „Neuen Zeitschrift für Musik" über die Stuttgarter Staatsgalerie, die gerade mit ihren Zitaten, Brechungen, Spielereien und Übersteigerungen, die Hybris, vielleicht auch das Ende des Historismus darstellt. Ein Manierismus, der auch ein Endzeit-Phänomen ist.

Als Architektur?

Ja. Die Architekten sind für mich im Augenblick vielleicht immer noch die Vordenker, die Avantgarde von Kunst und Zukunft. Man denkt über neue Formen des Wohnens wieder nach, damit das Zusammenleben nicht noch schwieriger, die Entfremdung der Menschen untereinander nicht noch größer wird. Auch mit einem neuen Zusammenleben der Paare, der Familien wird experimentiert. Ich halte sehr viel von architekturalem Denken. Derrida nennt es sogar architexturales Denken.

Die Musik hängt meist immer ganz hinten dran an den allgemeinen Entwicklungen und wird dann fast schon zur Arrièregarde. Sie ist halt eben als Kunstform schwierig, konservativ, ihre Formen lassen sich nicht so leicht umstürzen wie die der Malerei.

Wie kann man so etwas feststellen? Woher stammt dieses Wissen?

Indem du die Architektur-Theorie betrachtest, wie sie sich in den anderen Künsten fortpflanzt, festsetzt, diese dann infiziert. Zuerst war es zwar die Literatur, zum Beispiel Umberto Eco, die sich davon infizieren ließ. Dann kam die Bildende Kunst, die Theaterinszenierungen, ein zur Dekonstruktion gewandeltes Bauhaus dazu.
Dann wird alles auch in einem neuen Denken nachgebildet, etwa von Derrida oder Baudrillard.
Ich weiß nicht, ob nicht sogar das Denken zuerst war, etwa Lyotard, der den Begriff des „postmodernen Denkens" eingeführt hat. Er hat aber schließlich nicht mehr so viel von seiner Neuprägung gehalten.
Ich lebe in einem historistischen Haus. Wenn man so will, Postmoderne ohne Ironie und Bruch, Anfang 20. Jahrhundert. Stilvielfalt, Renaissance, Barock, Gegenwart, Pflanzen und Vegetation des Jugendstiles auch hineingemischt.

Ist das Haus historistisch oder historisch?

Es ist historistisch, weil es mehrere Stile in sich trägt, quasi wie eine Wanderung durch die Architekturgeschichte.
Ich wollte mit dem Exkurs in die Architektur nur sagen, dass die Konzerte in ihrem Angebot und trotz ihrer großen Stilvielfalt gegenwärtig schrumpfen, auch noch mehr schrumpfen werden. Dass wir, nicht nur wir von der Musica reservata, wie ich die Neue Musik gerne benenne, sondern sogar wir Anhänger der klassischen Musik allgemein wie die wenigen Wilden von Huxley, die übrig bleiben außerhalb des Mainstreams, in naher Zukunft nur noch als Exoten geduldet, belächelt werden werden.
Wohingegen der Mainstream vielleicht sogar noch mehr manipuliert, indoktriniert wird von einer bestimmten Musikströmung, die dann jeweils populär genannt wird. Das geht in Richtung Elektronik, Computermusik, reines Geldverdienen etc.

Was soll dadran jetzt gut oder schlecht sein? Es ist so.

Ich bedauere es.

Weil du ein Ideal hast, wie es früher anders gewesen sei. Woher kennst du dieses Früher? Es war auch früher genauso. Es gibt im Gegensatz zu der Musik, die uns überliefert ist, zum Beispiel in der Zeit Bachs, selbstverständlich auch die Stadtpfeifer, die ihre Tanzmusik gemacht haben und das war die beherrschende Musik.

Die andere Musik für die Kirche und den Adel wurde aber überliefert. Die Tanzmusik wurde nicht oder jedenfalls nicht kanonisch überliefert.

Heute hast du durch die Speichermedien eine Hegemonie eben jener Stadtpfeifermusik, die wird in einer alles beherrschenden Weise präsentiert, überliefert durch die eben allen zur Verfügung stehenden Medien. Es ist eben so. Dadurch entsteht der Eindruck, als gäbe es mehr davon als früher. Es war aber immer das gleiche Verhältnis. Hauptsache: 90% Stadtpfeifermusik, Tanzboden etc. und 10% Kunstmusik, also numerische Nebensache.
Diejenigen, die sich mit Kunst beschäftigten, waren früher nur Kirche und Adel. Aber heute sind es – wir leben in goldenen Zeiten! – Massen von Bürgern. Nie hatte eine zeitgenössische Kunstmusik so viele Hörer wie heute. Das ist ja auch mal zu bedenken.

Du beantwortest die Frage nach dem Historismus und seiner Kompensation von Sehnsucht mit den Speichermedien.

Das wäre möglich. Um die Präsenz des Vergangenen in der Gegenwart als pure Speichermasse zu verstehen. Und die Macht, die durch die Vervielfältigung des Sekundären entsteht, das ohne Vervielfältigung – denk auch an die Rolle der Verstärkung! – nicht zu diesem Herrschaftsanspruch käme, den es einnimmt.
Bedauerst du das?

Ich bedauere es, ich habe das Gefühl vom Ende, von Absterben, Implodieren, Aussterben. Gleiches gilt auch für das Denken. Vielleicht gibt es auch so etwas wie das „klassische", sogar „klassizistische" Denken, was wir gerade pflegen, wir zwei. Auch im Sinne eines Anachronismus, entschuldige.

Was macht dich nur so verzagt, so pessimistisch?

Es ist wohl wieder die Frage nach der Realität, nach der Lebensform, in der wir leben. Dein Leben und deine Lebenserfahrungen sind eben ganz anders als meine.

ಏಾಧ

Machen wir einen Sprung in die Romantik. Damals gab es auch eine Sehnsucht nach anderen Zeiten. Du hast dich darüber beklagt, du wärst in deiner Jugend als „Neoromantiker" beschimpft worden. Ich habe das damals auch so gesehen, und zwar nur positiv. Nicht als Neoromantiker, sondern ich habe durchaus einen neuen Trend festgestellt, der mir gefallen hat, weil er aus dem Akademismus, ich will es nun einmal so nennen, herauszuführen schien.

Du hast dich aber dann doch ins Lager, ich drücke es etwas hart aus, des Establishments von Stockhausen, Boulez, Nono geschlagen. Halt eben das Lager der Arrivierten und Herrschenden.

Aber da kam ich doch her.

Mit der Oper „Jakob Lenz" und einigen anderen Kompositionen hast du dich doch abgegrenzt von dieser Welt, sogar relativ aggressiv und eigenständig. Es gab dann sogar Nachahmer dieses neuen Stils, den manche vielleicht vorschnell in eine postmoderne Ecke gesetzt haben. Ein paar Jahre jedoch nur, dann war der ganze Spuk vorbei.
Mir ist immer noch dein früheres Problem mit der sogenannten „Neuen Einfachheit" vollkommen unverständlich. Ich war damals ja auch involviert in die Auseinandersetzungen von Donaueschingen.

Nie habe ich gedacht oder geschrieben, dass deine Musik einfach wäre. Vielleicht verwechselte mancher der Zeitungsschreiber das Wort mit Ausdruckskunst. Denn der Serialismus war tatsächlich auch für mich ein rein akademischer Konstruktivismus, während deine Musik und die von einigen wenigen anderen auch gerade das nicht war und nicht sein wollte.
Deine Kompositionen verwenden zwar konstruktivistische Merkmale, eigentlich wie alle Komponisten, die die strenge Schule des Akademismus in den Hochschulen durchlaufen haben und nicht rein impulsiv zur Gitarre greifen und Songs über Liebe und Leid schreiben.

Du warst halt eben auch gefangen in diesem akademischen Kreis, im „professoralen Diskurs" nennt dies Lyotard, mit seinen Menschen und Meistern, die auch etwas Negatives finden müssen an dir aus Konkurrenz-Neid oder Boshaftigkeit. Du hast geglaubt, du musst dich dagegen wehren. Der Begriff ist auch bald wieder verschwunden. Er taucht jedenfalls meines Wissens in den Geschichtsbüchern erfreulicherweise nicht mehr auf.

Eine Glosse habe ich geschrieben, als der Begriff aufkam. Dabei habe ich es aber gelassen. Aber der Begriff „Neue Einfachheit" ist nach wie vor lexikalisch präsent. Besonders in französischen Kompendien.

Warum hattest du eine solche Angst vor diesen vielleicht nur modischen Bezeichnungen, „Neoromantiker" oder „Neue Einfachheit"?

Ich will überhaupt nie, dass man mich festschreibt.

Es geht nicht anders. Da hast du gar keinen Einfluss drauf, das machen andere.

Inzwischen bin ich alt genug, diese auch zu akzeptieren.

Dass du in einer Schublade bist?

Dass man immer in Schubladen ist. Und inzwischen weiß ich auch, dass diejenigen, die mich in eine Schublade schieben, ihrerseits wieder in Schubladen stecken und so fort. Und dass andere mich wieder aus einer Schublade rausholen, um mich in ihrer Schublade zu verorten, einzusperren.
Das kann ich mittlerweile mit einer gewissen ironischen Befriedigung und Gelassenheit betrachten als Kampf der Schubladen und der Schubladler. *(Lachen)*

Ich weiß nicht, ob du das jetzt auch machst. Aber es ist immer der Versuch, wie bekommt man etwas unter einen Nenner. Warum muss ein Nenner da sein? Um benennen zu können! Das, was die größten Schwierigkeiten ausmacht, ist immer das, was einem entgleitet. Natürlich, ich bin im Zeichen der Fische geboren. Schon in meinem Selbstverständnis bin ich einer, der nicht gern festgehalten und lokalisiert wird.

Du springst aus diesen Schubladen wieder heraus.

Der Schubladen-Teufel mit der Spirale.
Ich rede nicht gerne über meine Schubladen-Vergangenheit. Es war halt eben der Versuch, mich in irgendeiner Weise einzuordnen, meiner Herr zu werden.

Aber es war doch positiv: Du als einer von uns, die Jugend, die wieder andere Wege in der Musik gehen will abseits von Autoritäten und Meisterdenkern mit neuen Ideen einer neuen Generation.

Dann hätte der Begriff nicht mit der Vorsilbe „Neo" begonnen haben dürfen, denn die war damals kontraindiziert in diesem 70er-Jahre-Diskurs. Wenn da etwas mit Neo begann, war es negativ.

Manche sind Neon-Romantiker. Die gehen dann gerne durch die Nacht, gerne durch flimmernde Stadtlandschaften und das machen sie fast lieber als das Tagesgeschäft.
Ich zum Beispiel.

Warum habe ich damals eine solche Neigung gehabt, vorwegnehmende Geschichtsschreibung zu verhindern? Weil ich gesehen habe, dass die Tendenz immer die ist, einen Künstler unter das Diktat seiner Anfänge zu stellen und dann irgendwann festzustellen, er macht ja gar nicht mehr das. Wenn jemand festgeschrieben wird auf etwas, das ist immer ein Schaden. Dann fällt so vieles Wahrnehmbare weg.
Mein Wunsch war eben, dass man das als etwas Lebendiges nimmt und nicht als etwas Zementiertes, was ich hervorbringe. Dass man das als einen Prozess sieht mit offenem Ende. Ich weiß ja auch nicht, wo es hingeht. Damals wusste ich nicht, dass es dahin geht, wo ich jetzt bin. Und heute weiß ich nicht, dass es dahin geht, wo ich später sein werde oder ob es überhaupt „geht"...

Man will die Musiker in einer Schublade haben, man will sie kategorisieren. Man hat sich eingehört in diesen Stil und wehe, wenn man da rausspringt. Das Neue mag ich nicht, das andere war viel besser, hat mir mehr gefallen.

Das karikiert ja Woody Allen in vielen seiner Filme.

Das bezieht sich auch auf unsere Gespräche. Du willst nicht immer festgelegt werden auf das Alte und Frühere und Ehemalige selbst in der Musikgeschichte.

Eine Kontinuität stellt sich natürlich dennoch ein.

Ich suche in unserm Gespräch nicht, was passt gerade und was passt nicht. Ich kann noch nicht einmal sagen, welches Ziel ich habe mit diesem unserem Gespräch. Ob ich dich kennenlernen, einen Stil bei dir herausarbeiten, Arbeitsweisen diskutieren will. Wir sprechen einfach nur...

Ich folge dir und deinem Nichtwissen. *(Lachen)*

Nichtwissen scheint doch manchmal etwas Gutes zu sein. Ohne dass ich jetzt Sokrates bemühen will.

Zumal er eine literarische Figur ist.

Ja, und dann kommt noch die lange Geistesgeschichte hinzu mit ihren Überlieferungen, Fälschungen, Irrtümern. – Aber zurück zur Ästhetik der Gegenwart, sofern es so etwas geben kann, was ich denke. Sie interessiert mich sehr. Vor allem, wie die Jugend gegenwärtig denkt, ihre Ziele, ihre Visionen jenseits von Geldverdienen und Fortpflanzung. Wie und ob sie Kunst macht, wie sie Kunst allgemein einschätzt.

Vielleicht ist sogar unser Denken in Kunst-Kategorien, das Sprechen in Worten über Kunst etwas Veraltetes, im Absterben Begriffenes, ein bürgerliches Ideal aus einer vergangenen Zeit, das nicht überleben wird. –

Concept Art wird immer wieder als Kunst der Gegenwart genannt, die große Derrida-Ausstellung in Stuttgart, musikalische Concept Art –

Ich finde das oft genauso überraschend und spannend, wie ich das auch sonst so bei Musik finde. Concept Art gab es zu allen Zeiten. Es gab immer Konzepte, die bis zu einem gewissen Grad realisiert wurden oder bis zu einem gewissen Grad bei ihrer Konzepthaftigkeit belassen wurden.

Das ist der Punkt: Wenn sie dabei nicht belassen werden, ist es diese neue Kunstart. Wenn ja, dann ist es das Übliche mit Skizzen und unausgeführten oder sogar unausführbaren Konzepten aus den 60er Jahren.

Man muss unterscheiden: Vieles in der Cage- oder Duchamp-Nachfolge sind im Konzept Entlastungsvorgänge zur Rettung der Unbegabten. *(Lachen)* Aber ich will jetzt nicht grundsätzlich das Konzeptuelle verteufeln. Es spielt in jedem Denken eine große Rolle. Es ist transitorisch.

Auch als Kunst?

Manchmal sehr reizvoll, aber man stelle sich vor, alles wäre konzeptuell.

Mir ist es nicht sinnlich genug.

Und die Versinnlichung, was fordert die? Sie fordert Metier – das ist die kontradiktorische Gestalt zum Konzeptuellen. Das Konzeptuelle als Endform gibt das Transitorische auf und monumentalisiert das Durchgangsstadium.

Ich mag es nicht, wenn ich viel und ewig lange etwas quasi wie eine Gebrauchsanweisung studieren muss, um die Kunst zu verstehen –

– und dann geschieht doch nichts. Aber wir wissen doch, „Geschehen" ist etwas Relatives.

Was hältst du allgemein von Neuerungen?
Gibt's den Begriff „neuerungssüchtig", „Neuerungs-Fetischismus" bei dir?

Den Begriff gibt's sicher, aber ich könnte nie etwas damit verbinden. Weil neu ja immer eine relative Größe ist; neu ist immer auf etwas bezogen, was man als das Alte entwertet.

Umberto Eco hat die Avantgarde kritisiert in ihrer einseitig nur auf Neuerungen orientierten Ausrichtung. Der heftige Wunsch nach immer weitergehenden Neuerungen hätte sogar vielleicht zu einem Ende der Kunst geführt. Es kommt ja nicht selten der allergrößte Unsinn raus, wenn man zu sehr nur auf Neuerung ausgerichtet ist. Für Japaner und andere Kulturen, etwa auch für die ganze Antike, war das Neue oft eher das Schlechte, Fragwürdige, das sich noch nicht bewährt hat. Auch das fortgeschrittene Menschenalter wird in Japan weitaus mehr geschätzt als bei uns, wo ein richtiger Jugendwahn mittlerweile vom Konsumismus gesteuert und dominiert wird.

Im Mittelalter war derjenige der beste Künstler, der es so macht wie sein Lehrer. Unser Neuerungsideal ist sehr von der Industrie geprägt, von der Waren-Ästhetik.

Warum etwas Neues erfinden? – Immer neue Produkte müssen her.

Neue Erfindungen, dadurch neues Geld. Es gibt eigentlich nichts Neues in der Kunst substanziell. Es gibt immer wieder Neues als Mittel, natürlich, aber es ist nicht so, dass Mozart besser ist als Bach oder Bach besser als Josquin oder Nono besser als Wagner.

Es gibt nichts Neues in der Kunst, glaubst du?

Natürlich gibt es Neues, relativ gesehen. Wenn man z.B. die Harmonik anschaut, dann ist die Harmonik von Bach eine andere als die von Monteverdi.
Dennoch gibt es dann wieder in älterer Kunst harmonische Formen, die viel avancierter wirken als die von Bach. Alles ist doch so relativ.

Also auch eine Definitionsfrage.

Ja, eine Definitionsfrage. Oder besser eine Frage des Standorts, des Hör- bzw. Blickwinkels.

Bei Nietzsche bleibt alles immer gleich. Sogar im Denken. Der Inhalt bleibt, nur die Formen ändern sich.

Das kann ich nicht so sehen. Bestimmte Kunstmittel sind immer neu, bestimmte Artikulationsformen sind aber auch reif bei ihrem ersten Auftreten. Sie tragen in sich Bestandteile, die etwas von Anbeginn Substanzielles in sich haben. Sich selber, aber es zum Neuen zu erklären, das fand ich immer naiv.

Was hältst du von der Theorie, neue Instrumente erfinden einen neuen Stil in der Musik. Die Entstehung der Rockmusik hängt mit der Entstehung elektrischer Gitarren zusammen, Beethovens Hammerflügel hat einen anderen Stil der Sonate als bei Mozart entwickelt; Orchester, etwa in der Romantik, mit ihren riesengroßen Ausmaßen haben einen neuen Stil entstehen lassen, die Synthesizer der 70er und 80er Jahre, jetzt die Musikcomputer in der Rap- und Unterhaltungsmusik, sie alle erfinden einen neuen Stil. Du brauchst mittlerweile nur noch einen Knopf zu drücken und hast dann bereits einen neuen Stil vor dir.

Du empfindest das als etwas Neues?
Substanziell ist von Seiten der Harmonik gar nichts los. Ich nehme jetzt einmal den vielleicht meistvertonten Satz „Ich liebe dich". Wenn ich jetzt sage: I i i i i i i ich – li li li li li liebe – di di di dich, dann ist das zwar neu. Aber der Sinn bleibt doch der gleiche. Damit will ich sagen, das sind alles nur äußere Formen der Darstellung eines schon immer Dagewesenen.

Wie wenn die Leute denken, in diesem Jahr trägt man die Hosen etwas kürzer und jetzt hat man hier vielleicht ein Modell, das etwas länger ist und man setzt jetzt mehr spitze Hütchen auf. Dann heißt es immer neu! Du kannst die Werbung danach richtig durchforsten. Es wird bei allem „neu" geschrien, der Joghurt mit dem Quirl-Effekt neu, „neu" wird immer davor gesagt. Es ist ja eigentlich nichts Neues.

Das spricht jetzt wieder für die Nietzsche-These, dass das Gleiche bleibt und nur die Formen sich ändern.

Ja.

In der Musik – die Formen ändern sich, gut, aber was wäre dann das Gleiche, das Bleibende?

Das Gleiche, ja, ein Gleiches –

Die Sprache, die Musiksprache, die die Menschen berührt, und zwar emotional.

„Neu" ist immer eine individuelle Aussage. Die Musik von Mozart, an der eigentlich nichts neu ist, ist aber dennoch durch und durch neu.

Wieso?

Weil in dieser Art sie noch nie gesagt worden ist. Mozart hat nichts erfunden, Boccerini hat viel mehr erfunden. Instrumentaleffekte wie *sul ponticello* und solche Sachen. Es gibt Komponisten, die ganz viele Detail-Artikulationsformen erfunden haben, aber deswegen ist die Musik vielleicht doch noch nicht neu.
Dann gibt es Komponisten, ich nannte eben Mozart, auch Bach letztlich – was ist daran neu? Das Placement im Ballett, wo etwas steht, seinen Ort bekommt, das entscheidet dann über die Neuheit.

Das wäre dann etwas Soziales.

Das kann etwas Soziales sein, das kann aber auch etwas im Angebot an die Wahrnehmung sein. Wieviele Stile hat eigentlich die h-Moll-Messe? Da kommen ja alle möglichen Stile vor. Man kann fast sagen, Bach hat überhaupt keinen Stil, nur Stile, die vorkommen. Oder auch in der Musik Mozarts kommen ständig Mischungen von Stilen vor. Das macht die Musik zu etwas Neuem, ohne dass das einzelne Element ein Neues wäre.

Wir hören es heute nur nicht mehr.

Wir hören es als eine eingeschliffene Sache. Aber dass sie uns immer noch nicht kalt lässt, hat mit ihrer Ladung zu tun. Diese relativiert die Mittel, die Mozart oder Bach zu ihrer Darstellung aufbieten.

✼✼

Beschäftigst du dich mit der Digitalisierung, greift sie in dein Leben ein, hast du Angst davor?

Nenne ein Beispiel.

Die Überwachung mit Handys und Computern, dass es keine Privatsphäre mehr gibt. Dass alles immer mehr der Kontrolle der Maschinen und Roboter unterworfen wird, selbst die menschliche Kommunikation.
Telefonierst du überhaupt noch im alten Sinn oder „textest" du nur noch, wie die Amerikaner sagen, sendest SMS oder andere Kurzbotschaften?

Ich benutze ein Handy, also auch „Google". Wenn ich etwas nicht weiß, schaue ich nach; das ist sehr hilfreich. Computer habe ich keinen, aber nicht aus ideologischen Gründen, sondern weil ich ein unbegabter Tipper bin. Ich bin ein Handschreiber und ich schreibe alles mit der Hand viel schneller. Da ich nicht so viel Zeit damit verbringen kann, mühsam zu tippen: „Ich bedanke mich für die Nachricht und dass ich das Stück leider nicht schreiben kann" … meine Digitalität ist die des Schreibenden und nicht des Tippenden.

Ich diktiere nur noch in das Gerät. Ich spreche in das Gerät hinein und das Gesprochene wird mehr oder weniger richtig abgetippt ohne mich. Ich muss nur noch Verstehensprobleme des Apparats verbessern. Aber er lernt sogar meinen Wortschatz, passt sich an. Und ich kann mit dem Gerät reden, philosophische Probleme besprechen. „Siri" heißt meine Ansprechpartnerin.

Wie schön.

Ich habe immer Thomas von Aquin bewundert, der vier Bücher gleichzeitig diktieren konnte. Ich brauche die Schrift. Ich verstehe sehr gut, dass Sartre den großen Flaubert-Essay, den letzten Band, nicht vollendet hat, weil er nicht mehr sehen konnte. Er konnte also nicht mehr schreiben. Er hätte es ja diktieren können, aber nein, er brauchte das Schreiben. Die Spur auf der Fläche des Schreibens. Ich bin ein Schreibender. So bin ich geworden, so werde ich wohl sterben.

Für mich ist das Schreiben auch gleichzeitig mit dem Denken verbunden. Ich denke während des Schreibens. Diese Vorgänge sind so untrennbar miteinander verbunden, dass das eine ohne das andere gar nicht denkbar ist in bestimmten Phasen.

Natürlich gibt es das Denken ohne die Schrift, es gibt auch das Schreiben ohne das Denken, wie Überweisungen oder Rechnungen zu bezahlen. So denke ich dann auf einer anderen Ebene – das Denken ist reduziert auf das Funktionieren. Die Gedanken kommen nicht nur beim Sprechen, sondern beim Schreiben, und das Schreiben ist eine andere Form des Sprechens, eine andere Form des Lautgebens. Da sehe ich meine Möglichkeiten. Und warum soll ich Angst haben, weil es andere anders machen?

Mit digitalem Zeitalter meine ich, dass alles nur noch technisiert, automatisiert, auf 0 und 1 reduziert wird. Alles wird mittlerweile mathematisiert, berechnet, ausgeforscht; schließlich auch gesteuert und manipuliert, ohne dass du es merkst. Es gibt die stillen Einflüsterer im Computer – die Cookies, und die lautstarken – die Ideologen.

Du meinst Überwachung. Was sollte man bei mir überwachen?

Eher Fremdsteuerung. Du bist nicht betroffen und ich auch nicht. Eher weniger.

Wie gut. Was sagt übrigens „Siri" dazu?

(„Siri" wird erklärt und nach dem „Sense of Life" befragt. Sie gibt eine zufriedenstellende Antwort.)

Dies ist eine neue Art von Kommunikation, die vielen Menschen und auch mir Spaß macht. Doch mit eben diesem Spaß beginnt auch die Abhängigkeit, die zu einer Sucht nach diesen Pseudo-Kontakten führen kann. Die Geräte vermitteln Pseudokontakte. Manche Menschen sitzen den ganzen Tag an solchen Geräten, dauernd piepst es und klingelt irgendetwas. Nein, man fühlt sich überhaupt nicht allein. Aber wehe, wenn man einem lebenden Menschen gegenübertritt – das ist eine Überforderung, die befangen macht, ja angsteinflößend sein kann. Die Geräte verkürzen die Kommunikationsfähigkeit, verkrüppeln sie geradezu, glaube ich. Die Menschen vereinsamen notwendig. Sie reden und kommunizieren nur noch mit diesen Dingen. In wenigen Jahren mit Robotern, die alles machen, was sie wollen, sogar den Sex.

Das sind Angst-Visionen, die nur dann berechtigt wären, wenn eine Realisierung drohen würde. Es sind Spielformen. Die meisten Menschen begreifen das auch so. Es wird ja nicht jemand einsam, nur weil er das macht, sondern er macht das, weil er einsam ist. Die Einsamkeit ist bereits da. Ich käme doch nie auf den Gedanken, mich mit einer Roboterstimme zu unterhalten, wenn ich genug andere Stimmen des sozialen Kontaktes habe.

Das meinte ich vorhin mit: Ich lebe in der Realität. Ich lebe nicht in dieser abgehobenen virtuellen Realität. Ständig von elektronischen Dienern umgeben, das sind ja auch alles Chiffren für Dienstleistungen.

Ich glaube sicher, dass die Terrorgruppe IS mit ihren Heerscharen aus aller Welt durch das Computerspielen Zulauf gewonnen hat. Die jungen Menschen sitzen oft stundenlang davor und wollen diese virtuellen Welten einmal real erleben. Auch durch Internet-Propaganda hat dieser IS so mächtig werden können. Er hat Geld durch Öl- und Drogen-Handel sowie Erpressung eingehandelt und er weiß sehr erfolgreich einen riesigen Propaganda-Apparat der Verführung und Lüge per Internet in die Welt zu setzen, dem viele junge Leute vollkommen unkritisch begegnen. Sie glauben alles.

Das kannst du auch anwenden auf die Generation des Ersten Weltkriegs, die wegen ihrer Zinnsoldaten-Spiele in den Kampf gezogen ist. Es gibt immer irgendetwas, das deformierend wirkt.

Mein Sohn komponiert in seiner Freizeit, aber nur am Computer, Rapsongs im amerikanischen Stil.

Das ist auch sicher angebracht, denn das ist das richtige Medium dafür. Ich würde mir das nicht in handschriftlicher Partitur vorstellen wollen.

Er kann dann aber gar nichts anderes mehr als diese Rapmusik, er wird einseitig.

Er will ja wohl auch nichts anderes können. Ich möchte von ihm ja auch kein Orchesterstück hören.

Das ist nur ein Beispiel, wie man sich mit den neuen Kommunikations-Geräten und Medien mittlerweile reduziert, einengt, Fähigkeiten verkümmern lässt. Also verkrüppelt.

Ich kann zum Beispiel keinen Rap komponieren. Das ist doch auch was!

Dieses kleine Gerät hier, dieses Handy. Reduktion der Sprache: Eine SMS eintippen, wegschicken. Kein erläuternder Hintergrund, keine Erklärung wird gesendet. Fehlinterpretation.

Das Kommunizieren auf solche Art und Weise reduziert Denken, Sprache und sogar Verhalten. Ich weiß nicht, wohin das führt, wenn jetzt sogar Computer-Maschinen anfangen, sich selbst zu verbessern, miteinander zu sprechen, sich und uns zu steuern lernen.

Es wird immer Produktionsformen geben, die sich abheben, absetzen von früheren Produktionsformen. Ich sehe darin nichts Bedrohliches.
Es wird auch immer wieder dann Reaktionsformen geben, die in erstaunlicher Weise ein eher auch retardierendes Moment in solche technischen Entwicklungen hineinbringen.

ℰᘎ

Was wir hier in dieser schönen Karlsruher Hochschule und in diesem schönen Landstrich Erde machen, ist doch auch wieder eine Art Musica reservata, nur auf das Denken bezogen. Es gibt viele Menschen, die uns und auch vieles von dem, was wir gesprochen haben, gar nicht mehr verstehen können, verstehen wollen, ja es sogar vollkommen überflüssig finden, über so etwas überhaupt nachzudenken.

Ist das schlimm?

Ich finde schon. Für mich ist es schlimm. Meine Blog-Beiträge oder manches, was in meinen Büchern steht, verstehen sie nicht. Man wirft es mir sogar vor. Ich will ja auch nicht immer das journalistisch leicht verständliche, schnell überfliegbare Lesen. Ich will das stockende Lesen, damit man versteht. Man stoppt und stockt – aber diese Mühe machen sich die meisten Menschen nicht. Sie glauben zu verstehen und verstehen gerade nicht, wenn sie nur auf den Oberflächen bleiben.
Findest du es nicht schlimm, dass das Denken und das Sprechen immer mehr verkürzt wird, nur noch verkürzt weitergeht und alles nur noch sich auf Oberflächen abspielt, sogar in der Liebe?

Vielleicht sollte man nicht zu sehr die Rezeption der eigenen Produktion zum Maßstab nehmen.

Ich finde schon. Das betrifft ja auch sehr stark den journalistischen Bereich: Wie schreiben, dass man verstanden wird, dass komplexe Phänomene verständlich werden, über die ein Urteil im Rahmen einer fachkundigen Mitbestimmung zum Beispiel auch gefällt werden kann? Was ist, wenn BBC und ARD schließlich ganz ausgestorben sein werden?

Ich finde, das Denken und die Sprache hat auf der anderen Seite enorme Niveausprünge gemacht in seiner Entwicklung. Es wird in einer sehr kompetenten Weise heute gerade über Musik reflektiert und auch geschrieben, nicht nur im universitären Bereich, sondern auch außerhalb davon. Das ist erstaunlich. Es hat sich auch durch eben diese Medien eine große Zugänglichkeit entwickelt und sie wird weiterhin gewährleistet. Wenn ich etwas suche – ich finde es sofort, schon kommen tiefe Dimensionen von Information. Natürlich: Es bedarf des „Nutzers". Die meisten würden, wenn sie einen Begriff nicht kennen, gar nicht mehr weiterlesen. Wir klicken halt eben bei „Google". Es gab immer diejenigen, welche, und diejenigen, welche nicht. So wird die Gesellschaft auch in diesen Medien abgebildet. Mich ängstigt das überhaupt nicht.

Du hast auch keine Angst um deine Musik, ob man sie in Zukunft überhaupt noch hören oder kennen wird?

Irgendwann wird sich schon jemand darum kümmern, denke ich. Um Bach hatte sich 100 Jahre lang niemand gekümmert, und dann hat sich ein reicher jüdischer junger Mann damit befasst und er hat wirklich ein Jahrhundert ausgelöst von Beschäftigung mit dieser Musik. Weil er eine Antwortfähigkeit in sich hatte. Mendelssohn war nicht so wie Zelter auf eine gewisse Pragmatik eingeschworen, sondern er war eine Persönlichkeit, die wirklich aus der künstlerischen Produktionssphäre kam. So erst konnte Zelters Anregung fruchtbar werden.

Du liest keine E-Books, elektronische Bücher?

Was heißt das?

Wenn wir ein Buch machen, wird es wohl auch als E-Book gedruckt. Die jungen Leute werden das alles, wenn überhaupt, lieber wohl nur auf ihren iPads und Kindles lesen wollen.

Mach nur, das ist mir egal. Das stört mich nicht.
Ich lese trotzdem Bücher. Welch ein Privileg!

ℬℜ

Pierre Boulez ist gestorben. Was verbindest du mit ihm?

Ich habe ihn sehr geschätzt und bewundert. Es war schon ein großer und starker Moment bei seiner Beerdigung, an seinem Grab zu stehen und Erde hineinzuwerfen.
Er war mir vor allem in seiner ungeheuren Souveränität, die mit dem Alter noch stärker wurde, auch ein ganz großes leuchtendes Beispiel für das, was in der Kunst möglich ist. Wenn jemand seinem Eigensinn folgt.
Er war ein offener und freundlicher Geist und hat viel Zeit in Baden-Baden verbracht. Also in der Nachbarschaft. Seit den 50er Jahren schon war das einer seiner bevorzugten Wohnsitze. Neben Paris natürlich.

Und du meinst, Boulez hat über die Musik hinaus die Kunst allgemein beeinflusst?

Das Denken über Kunst, natürlich.
Was heißt schon Serielle Musik? – Unter Serieller Musik kann sich niemand etwas vorstellen. Also denken viele Leute, die aus dem bildnerischen Bereich kommen, das sind Abwandlungen von Gleichungen oder minimalistische Vorstellungen von Serien.
Im Grunde wurde seriell nur vierzehn Tage lang komponiert. Die Mehrzahl der Stücke von Boulez ist nicht seriell, eigentlich nur seine „Structure I" für zwei Klaviere. Die Nummer II ist schon ganz anders, viel weiter gefasst, nicht mehr rein seriell.

Woran arbeitest du gerade?

Das ist das Schwierigste, darüber zu sprechen. Mitten in der Arbeit sein und darüber sprechen, das gelingt am wenigsten. Es ist eine Komposition für Chor, Solosoprane, ein Bariton und mittelgroßes Orchester. Es dreht sich eigentlich um den Requiemsgedanken. Aber es ist ein ganz persönlicher Versuch. Ich habe nicht allein den klassischen Requiemstext vertont – wohl tauchen Fragmente auf –, es sind immer wieder andere Texte dazwischen. Ich verzichte auch fast völlig auf jedes Eschatologische, Endzeitliche.
Auch die ganze barocke *Dies Irae*-Drohgebärde fehlt völlig. Es ist einfach eine von der Idee der Tröstung ausgehende individuelle Auseinandersetzung mit dem Todesgedanken. Dementsprechend sind auch die Texte, die dazu kommen,

Michelangelo, Rilke, Bobrowski, von Hans Sahl ein wunderbares Gedicht am Schluss. Dann habe ich auch noch den *De Profundis*-Psalm mit einbezogen. Ich rede jetzt darüber wie über etwas, das sich in seinen Einzelbestandteilen zeigt, aber es ist noch nicht als Ganzes erkennbar. Doch ahnbar ist es für mich schon.

War es ein Auftrag?

Jedes Stück, das ich mache, ist ein Auftrag. Alle wollen irgendwelche Kompositionen von mir. Ich sage, ich mache jetzt das und das. Es kommt niemand zu mir, wir hätten gerne ein Requiem und ich mache das. Umgekehrt.

Am Telefon hast du mir gesagt, du arbeitest an einem Requiem und ich bin erschrocken.

Warum?

Die Auseinandersetzung mit dem Tod.

Wenn du Musik machst, ist die Auseinandersetzung mit dem Tod von Anfang an da. Nimm den kleinsten Bestandteil, aus dem die Musik besteht, den Ton. Der Ton ist durch Werden und Vergehen gekennzeichnet. Das ist keine unendlich bestehende Entität. Es ist Geburt und Tod.

Du warst damals am Telefon ziemlich durcheinander. Wenn man sich mit einem solchen Thema beschäftigt, so intensiv beschäftigt, dann muss man wohl durcheinander werden.

Ich bin bei jeder Arbeit durcheinander, vor allem, wenn ich mitten im Arbeitsprozess gezwungen bin, raus zu gehen. Ich war in einer so starken Konzeptionsphase, sowohl empfängnis- als auch gestaltungstypisch, also am Anfang. Ich habe es einerseits empfangen, die Musik aufgenommen, andererseits begonnen zu artikulieren und dabei erst gemerkt, wie das werden könnte.

Das oder was?

Was. Da kann ich ganz schlecht raus. Ich bin jetzt dort, wo es mich ganz hat. Nur sehe ich es noch nicht, da kann ich auch noch wenig raus. Aber ich habe es dir zuliebe gemacht, weil ich unseren Kontakt und unser Gespräch mag.

Danke. (Lachen)
Du sagst, du hast die Musik empfangen, von wo?

Das weiß man ja nie.

Intuition?

Natürlich Intuition. Es fällt einem auch zu, es wächst einem zu, es zeigt sich etwas.

Bei mir sind es Zustände, rein emotionale.

Ich weiß nicht, ob das Emotionale ausschlaggebend ist. Es ist sicher zum großen Teil daran beteiligt. Aber daraus entsteht ja noch keine Kunst.

Bei mir ist in solchen Momenten kreative Energie, Stärke da. Hinzugehen, jetzt mache ich das, jetzt will ich es ausführen – ein Gespräch führen, einen Text bearbeiten, etwas ganz Neues schreiben –

Das ist auch bei mir da. Aber es ist nichts Emotionales, sondern etwas ganz Handwerkliches. Energie ist dabei schon das erste Handwerkszeug.

Klar, die Grundlage. – Durcheinander sein, ist das ein guter oder ein schlechter Zustand bei dir?

Ich kenne es nicht anders, also denke ich, es ist ein guter Zustand.

Ich habe kürzlich eine Ausstellung eröffnet, die mit der Weltausstellung Expo 2015 in Mailand zusammenhing. Die ausstellende Künstlerin Marianne Pape war die Art-Direktorin des deutschen Pavillons in Mailand und hat quasi eine Nachlese, einen Rückblick auf diese Ausstellung gemacht. In meinem Aufsatz dazu im Katalog geht es um Chaos. Für mich ist Chaos eindeutig positiv.

Du hast ganz früher, bei unserer ersten Begegnung, sogar abgedruckt in unserem ersten Gesprächsbuch, einmal gesagt, Chaos ist die Summe aller Möglichkeiten, der guten wie der schlechten, man muss nur richtig wählen. Deshalb ist bei mir ein Zustand des Durcheinanders eigentlich auch immer positiv.

Ja, etwas Positives. Intensive Beanspruchung empfinde ich als etwas sehr Positives. Aber es ist etwas, das einen so mit seiner positiven Kraft erfüllt, dass man für anderes schwer zu haben ist. Wenn dann andere Aufgaben, Verpflichtungen, Wünsche an einen herangetragen werden, dann ist man so beherrscht von der primären und für das eigene Existieren doch viel wichtigeren Zuständlichkeit, als dass man sagen könnte, jetzt mache ich das auch noch und das und das ... es droht dann Überforderung.

Zum Beispiel: Es kam so viel auf mich zu in letzter Zeit von außen, auch aus einer Pflicht heraus. Etwa Gedenkreden für Pierre Boulez, ich muss jetzt auch wieder sprechen bei der Jahressitzung des Ordens „Pour le Mérite".

Ich werde für alles Mögliche eingeladen, Reden zu halten. Ich halte mir das so weit es geht vom Leibe, aber bei manchen Anlässen kann ich nicht nein sagen. Wenn einer stirbt oder 80 Jahre alt wird, den ich mag und dem ich verpflichtet bin, da kann ich nicht nein sagen.
Das reißt einen aber auch so aus der Arbeit heraus, nimmt einen so sehr in eine eigene Pflicht. Mein Über-Ich sagt, dass ich diese Aufgaben anzunehmen habe. Das nur in Klammern, um zu erklären, dass ich eben manchmal nicht kann. Weil ich unter den Anforderungen einknicke.

Du wehrst dich also, neudeutsch gesprochen, gegen Funktionalisierung. Bei mir war es früher so, dass alle von mir als Journalist in einer Rezension lesen wollten, wie gut sie wären. Sie verstehen aber nicht, was ich unter „gut" verstehe. Meist waren sie unzufrieden mit meiner Vorstellung von „gut". Es gab Vorwürfe, was hast du da so schlecht geschrieben, obwohl ich mich meist mit negativen Urteilen zurückhalte und eher ein Konzert verschweige, also nicht darüber schreibe, als dass ich jemanden abkanzeln würde.

Du sprichst damit auch die Verschiedenheiten der Arten und Möglichkeiten an, wie über Kunst, über Interpretation gesprochen wird, die Verschiedenartigkeit der Diskurse, die man heute formuliert. Wenn jemand sagt, das empfinde ich aber als ganz schlecht, dann hat er eine starke Vorstellung davon, wie es zu sein habe, damit es in seiner Vorstellung gut ist. Dann müssen bestimmte Dinge abgehakt werden, auf die er gesteigerten Wert legt. Sobald die Beurteilung dann den Blick weitet und die individuelle Leistung in einen größeren Zusammenhang rückt, findet der Kritisierte das manchmal als eine Zurücksetzung.

Zu wenig Lob.

Zu wenig Unvergleichlichkeit.

Ich denke, das hängt auch mit den Sprachen zusammen, die man spricht.
Welche Sprache sprechen wir jetzt, wir zwei? – Gemessen an unseren Anfangsgesprächen ist unsere Sprache jetzt „verständlicher". Trotzdem geht mir immer wieder durch den Kopf, was ist es, dass wir so miteinander sprechen können, wie kann es sein, dass man sich so oft doch auch nicht versteht? – Ich denke, man versteht sich sogar meistens nicht, auch wenn man die Worte versteht.
Gerhard Koch von der FAZ hat einmal als Reaktion auf ein Interview von uns bemerkt, es wäre der südwestliche Ton, der uns verbindet. (Lachen)
Vielleicht gibt es das tatsächlich ...

Ich glaube, das Entscheidende ist, dass sowohl du mich als auch ich dich akzeptiere in unserer jeweiligen Eigenart. Wir erwarten nicht voneinander, dass der eine plötzlich in der Sprache des anderen anfängt zu sprechen.

Doch, wir haben eine Schnittmenge im Sprechen, im Vokabular.

Schnittmenge mag sein. Ein seltsames Wort.

Wir sind also, wie sagt man noch: kontaktibel, kompaktibel, kontabibel – wie heißt es noch einmal schnell bei den Computerleuten?

Kompatibel. *(heftiges Lachen)*

Doch, ich höre das oft: Etwas ist kompatibel miteinander.

Wie wir das Wort gewogen haben, das uns quasi auf der Zunge lag. *(Lachen)*

Dennoch bleibt die Frage, ob überhaupt ankommt, was wir sagen. Irgendwie schon, denke ich. Aber früher, als wir über die Leere gesprochen haben, in die Leere hineinzugehen, die weiße Ruine, wie es darin aussieht auch als Zeichen für die oder eine oder sogar für deine Musik – das war doch schon sehr eigenartig. Aber immerhin – die taz-Redakteurin Christiane Peitz hat alles gedruckt in diesem Interview ohne Rückfragen und Kürzungen.
Du bist total in diese Sprache, in dieses Sprachspiel als Ausdruck einer, vor allem auch deiner Lebensform eingestiegen. Manche haben sogar gedacht, unser Gespräch wäre im Rausch entstanden.

Absurd.

Weder Alkohol noch irgendwelche anderen Drogen waren im Spiel.

Drogen habe ich noch nie genommen. Ich trinke Wein, das ist es. Aber harte Sachen trinke ich eigentlich nicht, ganz selten mal einen sehr guten Whisky oder so etwas. Sich zuzuschütten, das ist absolut undenkbar für mich. Man kann ja gar nichts mehr schreiben oder denken. Die Vorstellung, dass der Künstler in betrunkenem Zustand irgendetwas hervorbringt – allein der Vorgang des Musik-Komponierens, der rechnet so sehr mit Geistesgegenwart und mit so vielen logistischen Zureichungen, da kannst du mit unwillkürlichen Gesten überhaupt nichts machen. Wenn, dann musst du das Unwillkürliche kunstvoll simulieren.
Wie die Leute sich das immer so vorstellen – Schumann betrunken beim Komponieren, unmöglich! Davor oder danach vielleicht, aber nicht während.

Zurück zum Sprechen. Wieso manches Sprechen geht, manchmal auch nicht. Es geht um die Sprache, die in unserem Buch jetzt gelesen werden wird. Ich denke dabei auch an die Zielgruppe, denn es ist eine spezielle Sprache, die jetzt gelesen wird und gelesen werden soll.

Du hast eine Zielgruppe im Auge?

Eigentlich schon. Gerade nicht Fachleute der Musica reservata, sondern Normalsterbliche und interessierte Leute, die sich informieren wollen, wie geht das mit dem Komponieren, was ist das für ein Mensch, der heute noch für ein großes Orchester mit so vielen Stimmen und Instrumenten schreibt und Themen aus der Mythologie wieder aufgreift.

Manche werden dich studieren, interpretieren – mich vielleicht auch – und dann denken: Was für ein Mensch. Das sage ich ganz ohne Wertung. Aber es wird für viele hoffentlich ein neuer, ein ganz anderer Mensch sein, als man ihn sich vorgestellt hat. Alle Vorurteile werden hoffentlich widerlegt, die guten wie die schlechten. Also bleibt das Moment der Überraschung vorherrschend. Wie deine Kunst wirst du auch als Mensch überraschend sein, und das ist gut so. Einschließlich mir – dass es zwei solche Menschen gibt, die sich treffen, beieinandersitzen und reden gerade nicht über Sensationen und Geld, Medien und Politik und das Naheliegende.

Was für eine Gestalt ist das, wird man sich fragen, in welcher Zeit bewegen sich denn diese beiden da, hoffnungslos veraltet, anachronistisch, die Thematik irgendwie sinnlos. Démodé, hat das mal Bussotti auf sich bezogen (er war darüber

stolz) in einem Gespräch mit Joyce Shintani in der Stuttgarter Bachakademie. Wie und worüber wir überhaupt sprechen.
Mein Sohn, er ist 18 Jahre alt, würde unser Gespräch, dieses Sprechen, die Wortwahl, die Diktion niemals verstehen oder akzeptieren wollen. Bestenfalls toleriert er uns. Ein bisschen ist die Art und Weise, wie wir sprechen, denken, leben, hart gesagt, vielleicht doch etwas – antiquiert?

Vor welchen Hintergrund? Wo holst du dir den Maßstab ab? Bei welchem Amt wirst du vorstellig und fragst, ob du nicht antiquiert bist? *(Lachen)*

Beim Amt für Realitätsfragen. *(Lachen)*

Die sollen dir also einen Stempel geben: Herr Urmetzer – nicht antiquiert. Dann hüpfst du weg und bist froh.

Nein, antiquiert kann doch auch positiv sein. Ich denke sogar, dass es so ist. Als Zeichen einer Fähigkeit zum Denken, einer im Aussterben begriffenen Nachdenklichkeit, eines Sprechens, das ausgesucht, gestaltet ist und mit einem Wortschatz arbeitet, der vielleicht gerade nicht wie ein Lexikon „wikipediert" daherkommt. Was andere nicht können.

Ist das dann die Vergleichsgröße?

Bei mir schon – die Menschen um mich herum. Ihre Realität. Auch nicht Musikstudenten oder Musikprofessoren. Was ist Realität? Du sagst, o.k. ich bin hier in meiner Welt, sie stimmt dir zu, liebt dich, mag deine Musik, das reicht dir. Für mich ist diese Welt klein, begrenzt, esoterisch manchmal, dann auch zum Teil abgehoben.
Du sagst, du lebst nicht in einem Schloss wie andere Künstler, die sich wie Stars verhalten und sehr reich sind. Darauf verzichtest du gern – das gehört sowieso nicht zu deinen Wünschen und Zielen.
Aber du lebst nach meiner Ansicht in einer abgehobenen Welt, die für viele Menschen fremd, ja fremdartig sein wird. Sieh dir nur diese Hochschule an, dieses Gebäude, ein Schloss, dein Zimmer, ein Konzertsaal mit deinem Namen und am Eingang sogar eine Büste von dir – kann ich mir etwas Schöneres vorstellen? Eigentlich nein. Der Blick jetzt nach außen: ruhig, ein Park, alles sehr ästhetisch, wie es sich gehört, nicht wahr, kein Lärm…

(Pause, Schweigen)

Kommen wir noch einmal zurück zum Sprechen, wieso es bei manchen geht, bei anderen nicht. Ich habe nicht deine Sorge, jemandem das Gefühl zu geben, er würde durch mein Sprechen ausgegliedert, nicht eingeschlossen sein. Diese Sorge habe ich wirklich nicht. Ich weiß nur, je mehr man sich um diese Dinge bemüht, umso verquerer wird das, was man sagt. Je mehr man möglichst viele Zielgruppen ins Boot der eigenen Sprache holen will, umso mehr geht dieses Boot unter.

Das hängt wohl mit dem Zeitungsschreiben bei mir zusammen. Ich hatte früher folgende Regel: Drei Fremdwörter nur im Text lasse ich stehen, alle anderen werden übersetzt oder ersetzt. So habe ich mit dem Schreiben begonnen. Auch bei Artikeln über Neue Musik sogar. Später habe ich dann das Gegenteil praktiziert: Noch mehr, noch mehr und noch „unverständlicher" sollte alles sein. Vor allem in der „taz", die das vollkommen und ohne Nachfrage akzeptiert hat. Ich habe es eben schon mal angesprochen.

Hast du das absichtlich gemacht?

Nein, ich habe nur nicht mehr mich selbst zensiert wie früher.

Ich könnte nicht absichtlich kompliziert oder unkompliziert reden. Das wird, wie es wird.

Im Komponieren – nimmst du dir nicht irgendwie vor, jetzt mache ich es schwerer oder leichter? Der Tonarten-Manierismus bei Franz Liszt, acht oder noch mehr Kreuze in der Klavier-Partitur? Beim Spielen hat er sich statt cisis-Dur bestimmt eine ganz andere Tonart vorgestellt. Oder Chopin mit seinen vielen weichen Bs in den romantischen Nachtstücken? Romantische Nächte sind doch weich, oder?

Soso? Es muss in sich stimmen. Wenn ich an einer Arbeit bin und mir sagen würde, jetzt mache ich es leichter, damit das Stück auch viel gespielt wird und viele es toll finden, das geht doch nicht zusammen, da kommt doch nur Quark dabei heraus.

Nicht toll finden, sondern einfach nur verstehen.

Verstehen kann man etwas ja nur, wenn es in seiner Art stimmig ist und wenn es in seiner Art – also eben auch in seiner Komplexität – seine Schwierigkeit enthält. Es wird unverständlich, wenn ich anfange, es zu überkitten mit Schein-leichtigkeit, Schein-Leichtheit. Das wird dann genuin unverständlich. Das Dunkle und das Unverständliche sind ja nicht deswegen unverständlich und dunkel, weil etwas dunkel und unverständlich gemacht worden ist. Das kann man sofort erkennen, wenn eine Kunst oder eine Äußerung absichtlich verdunkelt und absichtlich verkompliziert wird. Dann ist sie eigentlich das Papier nicht wert, auf dem sie steht.

Sie bleibt künstlich.

Ja, oder was auch immer. Jedenfalls hat dies für mich nichts mit Kunst zu tun. Wenn etwas zu einer Simplizität von selber drängt, dann stell ich mich dem nicht in den Weg, dann lasse ich es zu, auch wenn es mich erstaunt und manchmal sogar entsetzt: Um Himmels Willen, jetzt werde ich ja ganz banal, muss das sein? Man prüft es noch einmal, das wird so. Dieses dann auch so zu nehmen, wie es wird, das ist vielleicht die größte Begabung.

Kennst du das Banale?

Ich kenne es manchmal, wenn sich etwas zeigt als total voraussehbar und völlig abgegriffen. Aber das hat auch manchmal seinen Ort. An der richtigen Stelle Banalität einzusetzen, das kann man nicht nur bei Shakespeare lernen, vertieft manchmal den ganzen Zusammenhang.

Den Ort zu finden für Banalität fällt leicht, weil meist dann auch Geld im Spiel steht.

Nein, so einfach ist es nicht.

Banal ist vielleicht ein zu schlechter, ein zu abwertender Begriff. Vielleicht sollte ich von Einfachheit reden.

Banal ist eine Wertung. Die vorgenommen wird aus einer Position, die sich dadurch definiert, dass sie der Banalität enthoben scheint. Wenn jemand sagt, das ist banal, dann sagt er damit: Ich bin es nicht. Wenn ich allerdings in der Arbeit bin und es wächst mir etwas zu, es fällt mir etwas ein und das erkenne ich als auf dem Weg zur Banalität, dann sage ich erst einmal: Vorsicht! Und dann schaue ich, wohin will das, wo überhaupt geht das hin. Und dann führt mich manchmal zunächst das als banal Erkannte in etwas, wohin ich nicht gekommen wäre, wenn ich ihm nicht gefolgt wäre. In einen Bereich vielleicht von noch größerer Fremdheit und Ungeahntheit. Von daher gehört das Banale eigentlich, wenn man so will, auch zum Besteck, zum Handwerk. Es ist in sich experimentell, eine

Versuchsanordnung.
Aber all dieses, was du eben angedeutet hast, etwas bewusst einfacher zu machen, um ihm den Weg zu ebnen, das führt nur zu Missverständnissen. Wenn es einfach ist, dann soll es auch so sein. Es soll nicht bemäntelt werden. Wenn es kompliziert ist, soll es aber auch nicht simplifiziert werden.

ಸಂಃ

Es gibt eine Diskussion um Komplexität. Ob in der Musik, der Kunst, der Soziologie, ich nenne Niklas Luhmann als Stichwort. Dann gibt es ebenso auch den Begriff der Komplexitätsreduzierung.

Das sind für mich alles Dinge aus dem Vorzimmer der Kunst, Vorzimmeraspekte. Natürlich kann ich etwas verkomplizieren. Wenn du eine Seite hast, dann kannst du anfangen von links oben nach rechts unten und du „machst sie voll". Wenn es noch eine freie Stelle gibt, dann machst du noch etwas rein und dann wird es noch „komplexer". Letztlich entsteht ein Grauwert. In der Kunst heißt Komplexität aber ein unvorhersehbarer Wechsel von unvorhersehbaren Einfachheiten und unvorhersehbaren Komplexitäten. Das stellt erst Komplexität her. Wenn ich weiß, dass Komplexität von Anfang an herrscht, ist das sogar eine Vereinfachung, eine Simplifizierung, die ich ablehne. Es ist so kompliziert von A bis Z, dass ich schon weiß, wie es wird. Die verschiedenen Vollkommenheitsgrade, ein Terminus, an den ich mich noch aus Stockhausens Unterricht erinnere. Mit diesem ist zu arbeiten.

Den hat es auch schon in der mittelalterlichen Philosophie gegeben.

Das kann bei Stockhausen auch daher gekommen sein. Er hat sich ja viel mit Meister Eckhards Denken beschäftigt. Arbeit mit verschiedenen Vollkommenheitsgraden. Das hat Stockhausen in einem Text ausformuliert. Mir hat sich dieser Begriff als sehr plausibel gezeigt.
Dass man nicht ein gleiches Niveau der Dichte oder der Entfaltung artikulieren kann und muss, sondern verschiedene Formen wählt, zwischen denen eine Vibration möglich wird: der Dichte, auch der Flachheit. Alles, was ich im künstlerischen Prozess immer wieder erfahre und auch suche, ist die ständige Unabsehbarkeit und die Möglichkeit des Fundes. Du findest etwas, was du gar nicht gesucht hast. Darauf sich einlassen zu können, das ist etwas ganz Wichtiges.

Was führt dich denn zum Finden?

Meine Intuition. Meine Begabung. Deswegen bin ich ja Künstler und kein systematisch über Kunst Arbeitender. Ich bin die Pflanze, die wächst. Ich bin nicht der Botaniker.

Für mich ist Kunst eher ...

... antiquiert?

– Nein, überhaupt nicht. Eher ein Handwerk.

Absolut!

Der Beginn der künstlerischen Arbeit, die Initiation sozusagen, hört sich bei dir wie etwas Irrationales an.

Selbstverständlich. Irrational und rational.

Danach kommt das Rationale, die Arbeit, das Abarbeiten?

Nicht als ein Danach! Beides geht zusammen: Um das Irrationale zu artikulieren, musst du ja sehr rational vorgehen. Gerade in der Musik. Du kannst nicht darauf vertrauen, dass sich irgendetwas zeigt. Dann zeigt sich nichts, gar nichts. Du musst höchst rational, fast schon wissenschaftlich vorgehen. Gleichzeitig aber, um diese Rationalität zu motivieren, musst du den Ausschlag des Pendels in die andere Richtung, nämlich in die Irrationalität, provozieren und aushalten.
So viele verfügen über das eine oder das andere. Sie verfügen über irrationale Intuition, andere verfügen über das rationale Handwerk. Kunst wird es aber erst dann, wenn einer beides in sich hat. Ich bin so übermütig zu sagen, dass ich glaube, dass ich das besitze, beides.

Einverstanden. Doch immer wieder meine Frage: Was treibt dich dazu, Kunst zu machen? Du nennst die Intuition, das Irrationale, das Schöpferische ...

Da müsste ich mich jetzt also auf die Couch legen und eine Analyse machen und du setzt dich dahinter.

Nein, es muss jetzt keine psychologische oder psychoanalytische Antwort kommen. Deine Antwort kann doch auch aus einem ganz anderen Bereich stammen.

Theologen würden vielleicht sagen: Gott oder die Madonna oder der Erzengel Gabriel oder wer weiß was und wir haben dich inspiriert. –
Wie kommst du dazu, dass du so intensiv, so kreativ an der Kunst hängst, quasi an sie angebunden bist, immer wieder über Kunst nachdenkst, so gerne Kunst machst, geht mir immer wieder durch den Kopf. Bei dir ist ganz wichtig das Wort K u n s t. Es könnten doch auch Politik oder Lust oder Unterhaltung oder Geld oder Ruhm und Ehre im Mittelpunkt stehen.
In meinem Denken und Handeln ist zum Beispiel das Wort Leben viel wichtiger: Wie soll, muss, kann, darf man leben?

Das ist kein Gegensatz.

Es geht zusammen, klar, vielleicht auch nur parallel. Aber wie kommst du auf diese Wichtigkeit von Kunst? Manche sprechen von politischer Kunst, um den Menschen zu helfen, aber du liebst die Kunst schon fast abstrakt wie eine Göttin.

Gattin?

Nein, Göttin, eine Muse.

Aber alles andere würde mich doch zur Bewegungslosigkeit verurteilen, wenn –

– Gut. Dynamik ist dir sehr wichtig, und Kunst ist der Antrieb dazu bei dir, das alles zu machen. Das sagen wir uns jetzt rein intellektuell. Warum ist dir die Kunst, das eigentlich rein Geistige, so wichtig?

Weil das für mich vielleicht die mir mögliche Form ist, dem Leben zu danken. Denn ich lebe sehr gerne. Ich liebe das Leben außerordentlich. Ich weiß aber auch, dass ich mit dem Kunstmachen ständig in Situationen komme, wo ich dem Leben sagen muss, warte noch einen Augenblick, Stichwort Triebverzicht. *(Lachen)* Ich habe ein gut funktionierendes Selbstbelohnungs-System. Ich weiß dann auch nach einer Weile aus purer Vernunft, dass es nötig ist, unvernünftig zu sein. *(Lachen)*

Versteh mich richtig: Für mich ist die extensive Beschäftigung mit Kunst überhaupt nicht negativ, im Gegenteil. Wer kann das schon noch heutzutage? Wer weiß überhaupt Kunst zu definieren in ihrer Vielfalt? Dass sie m.E. ebenso wichtig ist für den Menschen und sein Leben wie Sport und Religion und Essen, Tanzen und Arterhaltung. Kunst ist etwas Wertvolles. Sie kann die Menschen ja auch glücklich machen.

Vielleicht ist es bei mir auch etwas Mimetisches oder Mimikry. Schon als Kind wollte ich immer irgendetwas machen – im Sinne von Hervorbringen.

Gab es dafür Vorbilder in deiner Familie?

Nein. Am ehesten noch mein Großvater. Er hat in seiner Freizeit eine Blaskapelle dirigiert. Für die hat er Märsche geschrieben. Ich war neun, als er gestorben ist. Und ich kann mich deutlich erinnern: Opa komponiert. Ich habe kombiniert verstanden. Er hat auf Notenpapier geschrieben, ich dachte mir: Also man kann es aufschreiben, was da erklingt. Er hatte noch die alte Tradition, seine Blasmusik – er selbst spielte Trompete – in Stimmhefte aufzuschreiben. Er hat sie gleich in die Hefte geschrieben. Auch so komplizierte Transpositionen wie Klarinette in As, was ich gar nicht mehr könnte, in getrennten Stimmen zu denken, ohne Einheit stiftendes Partiturbild und das alles in Transpositionen. Dabei war er Chemiker.

Mit ihm bin ich immer wieder am Schloss Gottesaue, wo wir jetzt sitzen, vorbeigefahren. Es war früher noch lange eine Ruine, ein hohler Zahn, mit zwei Türmen, ein Schloss aus dem 15. Jahrhundert, älter als Karlsruhe. Vor 30 oder 35 Jahren wurde es wieder aufgebaut. Aus diesem Fenster hier hat der Großvater als Soldat im Ersten Weltkrieg den Zapfenstreich gespielt. Jetzt sitze ich genau hier, wo er die Trompete geblasen hat und unterrichte meine Studenten vielleicht neben dem gleichen Fenster. Das war die einzige Berührung mit der Herstellung von musikalischer Kunst in meiner Familie.
Zuerst wollte ich eigentlich Bilder malen. Ich wollte Maler werden, habe irgendwo in einem Museum Bilder gesehen, die fand ich toll, das will ich auch machen. Mit meinem Vater bin ich Sonntagmorgen statt in die Kirche ins Museum gegangen.
(Lachen)
Ich war ja viel frommer als meine Eltern. Ich bin eigentlich immer in die katholische Kirche gegangen.

Meine Eltern nie. Das fand ich dann doch – na ja, ob die jemals in den Himmel kommen? Das hat mich schon beunruhigt. In den 60er Jahren war im Karlsruher Kunstverein eine Ausstellung mit Beckmann und auch eine mit Corinth. Da war ich unheimlich begeistert. Ich war damals elf. So wollte ich malen. Mit der Zeit wurde dann das Musikalische der Hauptbewegungsgrund meiner Aktivität. Natürlich habe ich auch Gedichte geschrieben und alles Mögliche. Aber diese Geschichten kennst du, die habe ich schon oft genug erzählt.

Nein, ich kenne keine einzige. Doch ich denke gerade darüber nach, ob dieses Private in unser Gespräch hineinpasst. Das Anekdotische passt vielleicht doch hinein…
Wir müssen auch noch darüber sprechen, wie das Ganze als Buch zusammengefasst, strukturiert werden soll, ob chronologisch, so wie jetzt, das bedeutet auch heterogen und unübersichtlich. Oder ob diese unsere fünf Gespräche nach Themenschwerpunkten geordnet werden sollen.

Das überlasse ich ganz dir. Vielleicht doch so wie jetzt.

Also chronologisch und durcheinander, kreuz und quer?

Ja. Was kommt, kommt.

ಶಿಂಡ

Kommen wir zur Tagesphilosophie.
Ich bin ein überzeugter Platoniker.

Ich vielleicht nicht.

Wahrheit, Schönheit, Gerechtigkeit – das sind nach Platon überzeitliche Begriffe, um die sich alles dreht. Denen das Menschen-Geschlecht immer anhängt und anhängen wird, sagt er, solange es noch frei denken kann, sage ich. Um dieses Letztere mache ich mir nämlich gerade sehr viele Sorgen, das ist eigentlich mein Thema. Nicht die Kunst.

Du bist sicher viel mehr auf der Seite Schillers als auf der Seite Goethes.

Obwohl ich doch kein Schwabe bin.

Ich bin immer auf der Seite Goethes.

Genau. Das habe ich schon sehr bald an deiner Sprache, deinem Vokabular, selbst deinem Satzbau gemerkt. „Wilhelm Meister" habe ich nochmal gelesen. Gewisse Formulierungen von dir habe ich dort wiedergefunden, auch den Begriff der Vollkommenheit. Eben dachte ich, das war wieder Goethe, aber wenn du sagst Stockhausen –

Ich nenne meine Quellen. *(Lachen)*

Wittgenstein nennt sie gerade nicht, weil er so oder so nichts Neues sagen könne, sagt er. Derrida ziert sich meistens auch. Aber der ist ja kein Sprachwissenschaftler, sondern m.E. ein Künstler wie die anderen auch, Lyotard, Virilio, Baudrillard. –

Gefällt es dir, dass du jetzt schon als Büste hier in dem Wolfgang-Rihm-Konzerthaus in Karlsruhe ausgestellt stehst? – Ehrlich gesagt, ich war erschrocken, als ich dich dort gesehen habe. Nicht aus ästhetischen Gründen, sondern weil man gemeinhin doch nur Toten in Form von Büsten begegnet. Ein Freund von uns, Pater Luis Kondor, Ungar und bis zu seinem Tod langjähriger vatikanischer Postulator von Fatima, einem Pilgerzentrum in Portugal. Apostel Portugals wird er sogar genannt. Er steht jetzt in dieser Stadt auf einem nach ihm benannten Platz. Ich begrüße ihn immer, wenn ich vorbeikomme …
Bist du zufrieden mit der Reverenz, die man dir hier erweist?

Unzufrieden zu sein wäre kokett. Aber ist „zufrieden" das richtige Wort? Ich habe meinen Frieden damit gemacht und erschrecke nicht mehr bis ins Mark, wenn ich mir da entgegentrete …

ஐ☞

Kommen wir noch einmal zum Komplexitätsbegriff zurück. Du hast ihn eben definiert in deinem Sinn. Für mich hängt Komplexität manchmal auch mit Schichtung zusammen. Das mag etwas Künstliches, etwas Gezwungenes sein, wenn verschiedene Ebenen und Bereiche künstlich und gezwungen fast zusammengeführt werden, und alles wird komplexer, komplexer, komplexer, erdrückt sich vielleicht sogar gegenseitig.

Das ist jetzt geologisch gedacht.

Ja, aber auch im Sinne von Collage –

– und im Sinne von Ge-Schichte. Also jede Schicht ist ja letztlich ein geschichtlich/ geschichtet Gewordenes. So entsteht auch wirkliche Polyphonie in einem Gleichklang. Das wird ja oft verwechselt. Bei Polyphonie müssten eigentlich alle beteiligten Bestandteile einander ausschließen. Das wäre eine weitergedachte Idee von Polyphonie, dass sie nicht nur Bewegung im Gleichen ist, sondern auch das Zusammentreffen von Heterogenstem.

Warum schließen sie sich nicht aus? Wer ist derjenige, der alles zusammenhält?

Im Handwerklichen ist es ein Satzmodell, ein Strukturmodell, dessen Gespannt- und Bezogenheit die Konsistenz herstellt.

Es ging mir eigentlich um die Idee der Postmodernität, wie sie in Frankreich entwickelt worden ist, wo gelegentlich auch mit einer höchst komplexen Sprache gesprochen wird, sogar in der Politik. Derrida, Baudrillard, auch die Sprache des Journalismus dort hat ein viel höheres Niveau als bei uns. Die Franzosen sind, was die Sprache von Literatur, Reflexion und Journalismus betrifft, unübertroffen.

Mit welcher Motivation schreiben sie, wenn du sagst, man müsse auch bedenken, dass man verstanden wird? Verstanden zu werden, das scheint ein sehr sozialdemokratisch deutsches Ideal zu sein. Und wie ist der Begriff der Aufklärung damit kompatibel? Aufklärung wessen? Aufklärung nur für den, der ihrer fähig ist? Warum nicht gerade für den „Un-Fähigen"?

Gegenfrage: Was ist die Antithese zu den Franzosen im Denken? Etwa Brechts Stil. Ich bin für das eine und auch für das ganz andere. Brecht ist ja jetzt etwas aus der Mode gekommen. Man hat bei den französischen Schriftstellern fast über jeden Satz in ihren Texten nachdenken müssen eine Zeitlang. Viele Deutsche konnten damit nichts anfangen. Ich nenne sie immer die Anhänger des preußisch-protestantischen Rationalismus, Habermas zum Beispiel. Obwohl auch er sich, ebenso wie Luhmann, auf Derrida und dessen Provokationen eingelassen hat. Ich denke an Derridas Satz, nachdem er hochgeistig über „Fichte und das Geschlecht" oder „Heideggers rechte Hand" schwadroniert hatte, den Vortrag ironisch lächelnd mit der Behauptung abschloss, die größte Leistung des abendländischen Denkens sei – das Schweigen. Er spielt damit auf Wittgenstein an.

Bei uns ist Luther der Ausgangspunkt, die Bibel. So zu schreiben, dass es jeder versteht, das ist ein revolutionäres Motiv. Dadurch hat Luther eigentlich auch die deutsche Sprache geschaffen, so wie wir sie heute sprechen. Ich weiß nicht, ob in Frankreich jemand auf die Idee gekommen wäre, etwas Ähnliches zu tun.

Ich will auf Brian Ferneyhough und seine komplexe Schreibweise zu sprechen kommen. Ich war immer wieder fasziniert in Donaueschingen, wo es eine große Notenausstellung anlässlich der Donaueschinger Musiktage gab, von seinen Partituren.

Von den Bildern oder von dem Gehörten?

Nur von dem Gesehenen.

Aber es gibt doch auch wunderbare Momente des Hörbaren.

Für mich leider nein.

Ist es nur der Hiatus, der zwischen dem Schriftbild und dem, was man hört, klafft? Wenn man nicht weiß, wie diese Musik notiert ist, und dann hört man sie, dann ist sie doch manchmal sehr lebendig, sehr lebensvoll und sehr reich.

Ich kenne nicht so viele Hörbeispiele. Ich habe diese Partituren gesehen und war unglaublich beeindruckt von dieser – wie ich es gerade in einem solchen Fall nenne – Überkomplexität. Ich habe mir sogar einige Partituren gekauft. Allein nur um einen einzigen Takt etwa seines Streichquartetts zu verstehen, brauche ich schon einige Zeit.
Wie kann man es denn spielen überhaupt, fragte ich mich. Ich habe im Musikstudium mich immer geweigert, so überkomplizierte Sachen einzustudieren oder mich auf eine solche Schreibweise zu spezialisieren. Es war mir zu mühsam, zu anstrengend. Also habe ich mir Musikgrafiken vorgenommen, dort konnte man improvisieren, oder ich habe mit Geräuschpartituren gearbeitet, die nicht so schwer waren.

Ich mag das gar nicht. Alles Entlastungssysteme!

Ich weiß. Bei Ferneyhough habe ich dann eher fassungslos festgestellt: was für ein Beispiel von Sinnlosigkeit! Ein reiner Ästhetizismus für Musikwissenschaftler und andere Elaborierte.
Ein junger amerikanischer Komponist ist zu mir gekommen. Ganz stolz zeigt er mir seine Komposition für großes Orchester, an der er zwei volle Jahre gesessen ist. Wenn's hoch kommt, wird er drei Aufführungen erleben – die Partitur fast schon

DIN A 2 groß, überkomplex, im Schriftbild wunderbar. Richtig fassungslos habe ich ihn gefragt: Warum machst du das? Für wen, wozu?
Ein solches Vorgehen ist mir fremd. Was für ein Leben lebt er, ohne Geld, Arbeit, Erfolg? Ich habe eine große Hochachtung davor; aber auch ebenso viel Mitleid.

Ich bin auch in dieser Sache pragmatisch. Ich weiß, dass selbst das einfachste Notenbild in der Umsetzung ständig Unschärfen ausgesetzt ist. Keine Stimme kann selbst im einfachen Choralsatz punktgenau auf die andere Stimme treffen. Es gibt immer Unschärfen, und je mehr ich jetzt Unschärfen komponiere, umso weniger wird eigentlich die Diskrepanz zwischen Schärfe und Unschärfe zu einer ausgestalteten, geformten Größe, also: zu einem Problem. Es geschieht dann das, was sowieso geschieht, nur in einem vergrößerten Maßstab: Es herrscht unproblematische Unschärfe, die dann relativ schnell in einen Grauwert umkippt.

Bewusst eingebaut manchmal bei aleatorischen Sachen sogar von Stockhausen.

Natürlich. Aber gerade bei Stockhausen ist es ein ganz wunderbares Verhältnis, wo du immer sofort spürst, da ist der Eingriff des Autors, die Autorschaft. Es gibt einen genauen und präzisen Moment des Innehaltens, der Aufhebung, des Neubeginns, der Gestalt. Den dazu gegensätzlichen unproblematischen Gestaltreichtum, der einen Wahrnehmbarkeitsgrad übersteigt, den hast du auch bei manchen Orchesterpartituren in der Richard-Strauss-Nachfolge. Bei Strauss eigentlich nicht so sehr als vielmehr bei denen, die ihn „überstraussen" wollten. Also rauschhafte Gebilde, wo alles irgendwie fummelt und man kann einen Gesamt-Sound genießen. Und so ist es auch bei vielen Partituren, die sich einer Komplexität verschrieben haben. Da kann man einen Gesamtsound genießen, aber die Einzelgestalt, die letztlich dialektisch geformte und gegen das andere abgesetzte differenzierte Figur, diese Gestalt ist dann nicht erkennbar.

Aber warum soll man sich dann die Mühe machen, nochmal ein solches Stück einzuüben?

Ja, das ist die Frage. Vielleicht, weil es auch da Unterschiede gibt ...

Aber nur für fünf oder zehn Leute, die sich auskennen in der Materie.

... Unterschiede gibt, die es sich lohnt aufzusuchen. Ich bin überhaupt dafür, dass man Unterschiede als den eigentlichen Lebensgrund jeder Ästhetik begreifen lernt. Mehr noch: Leben ist Unterschied.

Einverstanden. Und das ist das neue Denken, wie es in Frankreich, in Japan, in den USA seine manchmal auch zweifelhafte Verbreitung gegenwärtig findet: das Denken der Differenz. Wir wollen doch nicht in einer Herde Gleichgerichteter mittappen, stolpern und in die Grube fallen.

Gleichschaltung, um mal diesen faschistisch kontaminierten Begriff zu erwähnen, um an das von vorhin anzuschließen: Gleichschaltung ist Banalität.

Nur reine Imitation.

Ja, oder zumindest eine Aufhebung der individuellen Regung.
Aber damit ist natürlich auch ein dialektisches Feld wieder eröffnet. Du musst, um eine positive Setzung vornehmen zu können, für Momente einschreiten und für Momente das Wachstum unterbrechen.

Das Andere akzeptieren?

Die Andersartigkeit dessen, was dann eintritt, zumindest zulassen.

Um noch einmal auf das Thema Ferneyhough sprechen zu kommen – ich habe einen Aufsatz über ihn betitelt: „Der akademische Manierismus in der Neuen Musik".

Das ist eine Formel, die liegt natürlich auf der Hand. Greift sie nicht zu kurz?

Manierismus ist bei mir immer positiv, gerade nicht bösartig-pejorativ.

Es gibt einen Manierismus, der aus der Kraft des Wachstums entsteht, und es gibt einen Manierismus, der aus einer Reduktion des Sichtfeldes entsteht. Jemand, der nur noch eine Bewegung ausführt, das ist eine enorme Reduktion, ein Minimalismus, auch das hat trotzdem wieder seine positive Seite. Viele Schauspieler werden ja für ihren Minimalismus gelobt, weil sie immer das gleiche Gesicht machen, die gleichen Gesten. Das ist etwas, das man dann als Figur einsetzt, ein lebendes Piktogramm.

Aber einen Manierismus, der zu einer Art Gelehrtheit wird, als gelehrte Handhabung wie in der Schule, der letztlich kein Überraschungsmoment und auch keine Bedrohung, kein bedrohliches Abenteurertum mehr zulässt, diesen Manierismus kann man getrost als etwas Negatives ansehen. Zumindest als etwas Unproduktives.

Kann man überhaupt Komposition lehren?

Das eigene Komponieren kann man mit dem, der das Komponieren lehrt, immer wieder besprechen. Aber nicht im Sinne, wenn du es so machst, dann wirst du gut, und wenn du es so machst, dann wirst du schlecht. Man muss immer davon ausgehen, was der einzelne für Möglichkeiten selber in sich trägt. Es hat keinen Sinn, Ratschläge zu geben für jemanden, der sie gar nicht befolgen, nicht einhalten kann.

Nach welchen Kriterien akzeptierst du dann einen Schüler, einen Studenten?

Da spielt Intuition die Hauptrolle. Dass ich spüre, mit dem oder der könnte ich ins Gespräch kommen. Denn darum geht's: wo das, was du sagst, einer Beantwortung, einer Umsetzung begegnen kann. Es gibt den Typ, der zwar sofort das macht, was man ihm sagt, aber aus dem wird trotzdem nichts. Oder gerade deswegen.

Keine Eigenständigkeit?

Eine Haltung, die manchmal sogar aus der kulturellen Einübung durch Erziehung stammt, die nur zu dem führen kann, was der Lehrer einem nahelegt. Das führt nur zu Imitationsformen.

Ich stelle mir das als sehr schwer vor, Komposition zu unterrichten.

Natürlich. Und deswegen ist auch immer wichtig, auf den Moment reagieren zu können, wenn jemand etwas bringt, zu spüren, dass da ein Keim oder kein Keim mehr liegt und das dann auch zu sagen.
Gleichzeitig auch zu sagen: Hol dir noch andere Ratschläge! Ich schotte meine Schüler nicht ab, ich sage nicht, ihr dürft nicht bei anderen euch beraten lassen, sondern ich ermutige sie sogar dazu, zu anderen Lehrern zu gehen und sich dort Ratschläge zu holen.

Nach diesen Gesprächen mit dir will ich vielleicht zu dem ehemaligen Scorpions-Schlagzeuger Hermann Rarebell gehen, mit dem ich im Musikstudium kurz zusammengearbeitet habe und den ich auch gelegentlich während seiner Rockmusikkarriere getroffen habe. Einmal auch zu einem Gespräch so wie jetzt mit

Es gibt ein Buch von mir in der Warteschleife: „Gespräche mit Zeitgenossen" – Messiaen, Lachenmann, Lyotard, Luhmann und andere. Eigentlich müsste ich für dieses Buch jetzt eine Antithese zu dir suchen, eben den Scorpions-Schlagzeuger zum Beispiel. Seine Firma anschreiben, auf unser Buch zu sprechen kommen, einen Termin ausmachen; ob der Brief von mir überhaupt weitergeleitet wird, wer weiß ...

Inwiefern eine Antithese?

Du bist doch eine wirkliche Antithese zu der Rockmusik der Scorpions, aber hallo jetzt! Das ist positiv, nicht negativ. Umgekehrt würde ich genau das Gleiche auch zu dem Rockmusiker sagen.

Das liegt sehr vordergründig auf der Hand zu sagen „Antithese". Aber warum eigentlich?

Weil Rockmusiker meist keinen einzigen Ton, geschweige denn eine Tonart benennen wollen, weil sie im Gegensatz zu dir gar nicht über ihr Handwerk denken, nachdenken wollen oder nachdenken können. Sie leben zu viel, zu sehr, zu intensiv. Sie leben ihre Musik wie einen Film.

Sind das nicht alles Klischees?

Gern. Ich müsste, um diesen Gegensatz noch mehr ausführen zu können, jetzt noch viele weitere Details nennen. Aber diese Mühe will ich mir nicht machen und nur sagen: Beides geht, beides macht Sinn, beides gefällt mir manchmal mehr, manchmal weniger. Ich höre ein klassisches Konzert und will alle meine Rockplatten wegwerfen und umgekehrt. Natürlich gibt es zu euch beiden wieder neuartige, auch ganz andere Antithesen und so fort – aber das macht ja gerade die Vielfalt und Heterogenität, auch die Differenz aus, die alles spannend und reichhaltig und komplex werden lässt.

Oder auch, weil manche Menschen gleichgültig sind. Sie kümmern sich in keinster Weise um Musik. Nur Fussball zählt, ins Stadion gehen oder ins Bierzelt. Manche andere gehen nur ins Ballett oder ins Kino oder ins Sprechtheater und so fort. Die meisten sind irgendwie festgelegt. So wie du und ich auch.
Nur 3% der Bevölkerung in Deutschland geben im Jahr mehr als 80 Euro aus für Musik. So wenig!

Seltsam. Deshalb ist ja Musik auch kostenlos im Bewusstsein von vielen Menschen. Sie ist allgegenwärtig, wieso noch etwas dafür ausgeben.

Man kann nur noch über Konzerte mittlerweile Geld verdienen als Berufsmusiker, nicht mehr über den CD-Verkauf oder im iTunes-Store. Deshalb müssen mittlerweile alle alten Haudegen der Popkultur einschließlich Rolling Stones und Bryan Ferry wieder antreten. 120-150 Euro der Sitzplatz. Das wird sogar vom Common People verlangt.

ഩ⊙ര

Es ging eben um Überkomplexität bei Brian Ferneyhough, dann um Komplexitätsreduzierung bis hin zu Einfachheit, Banalität, und ob die Überkomplexität ein Manierismus sein kann. Ich mag Manierismus etwa in der Sprache und in den Texten der Barockzeit, um noch einmal darauf zurückzukommen. Sie sind voll gelehrter mythologischer Anspielungen mit langen verschachtelten Monstersätzen wie in Latein, mit Zitaten und weit schweifenden Exkursen in die Philosophie.

Auch die Sprache Derridas war ein fast schon gewollter provokativer Manierismus. Das erste Buch von Derrida, das ich in der Hand hatte, war ein ganz kleines Büchlein von fünfzig Seiten. Ich habe es auf einem mehrtägigen Rockmusik-Festival in den 80ern entdeckt auf der Schwäbischen Alb, ein Raubdruck über die Stile Nietzsches („Sporen"). Ich habe keinen einzigen Satz ganz verstanden, geschweige denn die Zusammenhänge. Es ging über weite Strecken nur um eine einzige Bemerkung Nietzsches: „Ich habe meinen Regenschirm vergessen". Darüber wurde deliriert oder „dadasophiert". Interessierte Kreise nennen den französischen Philosophen ja auch „Derridada".

Doch ich bin jetzt schon wieder raus aus meiner alten Spur. Jetzt bin ich durcheinander.

Was war die alte Spur?

Ich weiß schon fast nichts mehr, was ich mit dir besprechen will. Aber es kommt doch immer wieder etwas Neues hinzu. Ich habe hier noch ein paar Zitate aus einem Gespräch mit dem Komponisten Olivier Messiaen dabei. Ich lege sie dir vor und du antwortest darauf – o.k.?

Gerne. Messiaen war eine ganz hermetische Figur, obwohl er sehr freundlich war. Seine Freundlichkeit war aber eher Ausdruck einer Gemütlichkeit, sich die Dinge noch ferner zu halten. Ich bin ihm ein paar Mal begegnet.

Bei dem Gespräch mit mir ging es um Vögel und Farben, um die Farben des Himmels und der Musik – Messiaen war sehr katholisch. Sein ganzes Leben lang hat er auch als Organist in Paris gearbeitet. Es war ein sehr angenehmes Gespräch mit ihm und seiner Frau auf dem „Perspectives"-Festival in Saarbrücken. Auch Marc Adam, der Intendant dieses zur damaligen Zeit sehr innovativen Theaterfestivals, war dabei. Ich erinnere mich noch sehr gern an dieses Zusammentreffen.
Messiaen beklagt sich im Gespräch, manche Opernregisseure würden nicht davor zurückschrecken, das Werk zu zerstören. Wie kommst du mit eigensinnigen Regisseuren klar?

Ich rechne mit, nein, ich *hoffe* auf den Eigensinn der szenischen Interpretation, also der Regisseure. Nichts schreckt mich mehr als die Vorstellung, die szenische Dimension eines Bühnenwerkes sei auf ewig und drei Tage festgeschrieben. Stell' dir vor, Wagner-Opern würden heute noch mit Stierhorn-Fellmützen, Rauschebärten und Lendenschurz etc. aufgeführt … Messiaen meint sicher, dass Eingriffe in den zeitlichen Ablauf des komponierten Geschehens zerstörerisch wirken können, da sie den rhythmischen Atem eines akustisch in der Zeit verorteten Kunstwerks stören.

Er zählt zu den Urvätern des musikalischen Konstruktivismus, nennen wir es nun einmal so. Er stellt jedoch das Gefühl, das gefühlsmäßige Hören über die formale Gestaltung. „Wie wichtig ist Ihnen der Strukturbegriff?", habe ich ihn gefragt. „Alles ordnet sich immer einem Gefühl unter", hat er geantwortet, „und ich hoffe, dass man das auch hört".

Gefühl herrscht immer – es muss eigentlich nicht eigens bemüht werden. Auch so genannt Strukturelles ist ein Gefühlswert: dass nämlich alles geordnet sei. Aber ist es das wirklich? Wir müssen den Kreis mit größerem (oder auch engerem) Radius ziehen. Schon verbiegen sich die Ordnungskoordinaten, die eben noch Halt versprachen.
Struktur ist immer Übereinkunft. Außerdem gibt es nicht wirklich Unstrukturiertes. Wir schaffen Übereinkünfte, nennen sie Strukturen und bewegen uns darin scheinbar gesichert. Andere strukturelle Erscheinungsformen empfinden wir (Gefühl!) sofort als Bedrohung, Chaos, grundlose Gähnung.

Wie gehst du vor beim Komponieren? Kannst du das beschreiben?

Es ist immer ein Schritt-für-Schritt. Aber das bedeutet nicht nur, dass ich jetzt beim Gehen den Bezirk des nächstmöglichen Schrittes vor mir sehe, sondern ich habe ja auch den Ausblick. Wenn ich gehe, dann sehe ich auch in die Ferne. Aber ich gehe trotzdem Schritt für Schritt vorwärts. So ist es auch künstlerisch – ich gehe Schritt für Schritt vorwärts in der Herstellung der materialen Ebene von Musik, aber ich sehe trotzdem rund. Ich sehe auch Dinge, die mich ablenken, sehe Dinge, die mich weglocken.
Nicht im Sinne von: ach so, da geht's hin, sondern als Möglichkeit, da kann es hingehen und dort kann es hingehen und dahin … Meine Schritt-für-Schritt-Strategie realisiert dann immer eine Entscheidung für eine in der Ferne gesehene Richtung.
Dadurch entstehen Bögen, weitere Wegspannen.

Du siehst also doch schon, wo es hingeht?

Weniger. Ich weiß noch nicht einmal, wo unser Gespräch hin geht. *(Lachen)*

Die Besetzung für Oboe, für Orchester, für Gesang – wie kommt diese Entscheidung zustande?

Das hängt vom Sujet ab. Wenn ich einen Text vertone, dann brauche ich Stimmen. Ich kann den Text auch in der instrumentalen Realität verbergen, das geht auch. Die Idee der Auflösung des Textes in Klang, worüber sich der frühe Boulez Gedanken gemacht hat. Ich kann also den Text erscheinen lassen oder auch nicht. Die Entscheidung eines Stückes für Klavier und kleines Orchester ist eine erste Entscheidung, und wenn ich dabei bleibe, entsteht ein konzertantes Stück.

Fängt es genau damit an, die Entscheidung für die Besetzung, beispielsweise Klavier und kleines Orchester?

Ja, so ist es oft. Ganz selten fange ich damit an, etwas abstrakt zu komponieren, das dann in völlig anderen Zusammenhängen erscheinen kann. Doch das gibt es auch. Manchmal sogar in verschiedenen Zusammenhängen und in entgegengesetzter Gestalt.

Komposition quasi orchestriert. Ein Stück von einer ganzen Stunde Dauer für Streichquartett und vier Stimmen. Das Hilliard Ensemble hat es wunderschön interpretiert, ein Ensemble für Alte Musik mit traumhaftem Singen.

Gibt es einen Wunsch oder eine Vorstellung von dir, wie man deine Musik hören sollte?

Dass man mit seinen eigenen Erfahrungen und Gefühlen in Kontakt bleibt und nicht immer nur meine Musik abforscht nach dem, was ich wohl empfunden habe. Aber so wird klassische Musik tatsächlich gehört: Die Musik ist so traurig, ah da war der Mozart aber sehr traurig! (*imitiert eine weinerliche Stimme*).
So wird Musik gehört, das ist doch furchtbar!

Alles geht meiner Meinung nach.

Natürlich geht alles, aber manches ist eben furchtbar.

Wenn man als lebender Komponist in eine solche Schublade gesteckt wird, ist das wohl sehr unangenehm. Aber wenn sie tot sind – dann ist es doch egal, wie man Bach zum Beispiel hört.

Schon klar.

Das ist das Schönste für dich überhaupt, hast du einmal gesagt, dass man durch den Kontakt mit der Musik vielleicht sogar als ein Anderer aus dem Konzertsaal herausgeht.

Der Hörer?

Ja.

Das kann ich nicht vorschreiben. Ich kann ja auch nicht meinen Schülern sagen, hier müsst ihr mehr das machen, dann noch mehr das, dann das – das geht einfach nicht.

Wir sind bei Fragen der Rezeption – für dich wäre es doch schon etwas Gutes, wenn man nach einem Konzert mit deiner Musik herauskommt und sagt: Wunderbar, ich bin irgendwie anders geworden?

Das wäre fantastisch, natürlich! Großartig, wunderbar! Da wäre ich glücklich, wenn mir das jemand sagen würde.

Kommen wir noch einmal auf das frühe Streichtrio zurück, sprechen wir von dieser Wiederbegegnung damit und dass du nach vielen Jahren so beeindruckt, betroffen warst, dass du hast weinen müssen. Warum, das war doch auch für dich ein existenzielles Erlebnis, oder?

Ja schon. Dass man dem Eigenen auch begegnet als sei es ein Fremdes. Das finde ich toll. Dass jetzt auch Stücke, die ich vor 40 Jahren geschrieben habe, mich in die Lage versetzen, einen objektiven Ort zu finden oder ihn zumindest scheinhaft einzunehmen. *(Lachen)*

Und wo bleibt die Wahrheit, mein Herr? Die Wahrheit des vorgeblich verorteten Ortes? Wo findet man diesen Ort der Scheinhaftigkeit?

Wenn wir das wüssten, dann könnten wir den Laden dicht machen.

Wieso?

Wahrheit ist ein dynamischer Prozess, Wahrheit besteht aus der Suche, Wahrheit existiert nicht in Form eines Besitzes oder einer endgültigen Formel. Wahrheit muss immer erneut in die Tat umgesetzt werden. Sie muss sich realisieren.

Ich dachte eher an einen weniger philosophischen Ort. Wo ist dieser Ort, an dem man sich nicht verstecken muss, weil du eben von Schein geredet hast?

Schein-Objektivität. Natürlich bin ich nicht der vom Himmel gefallene uninformierte Nichts-Wissende, der sein Stück nicht kennt. Natürlich kenne ich mein Stück, keine seine Geschichte; natürlich weiß ich alles Mögliche. Aber es trotzdem so zu hören, dass etwas Neues auf dich zukommt, was du selber so noch nicht erfahren hast, das ist etwas Schönes.
Und dann noch: die ungeheure Inbrunst und technische Sicherheit, mit der das heute gespielt werden kann. Allein das rührt mich schon.

Reden wir noch einmal über die Gestaltung unseres Buches, dieser Aufzeichnung eines Gesprächs. Wir haben schon mal darüber gesprochen. Sollen wir seinen Aufbau so lassen, wie wir vorgegangen sind, hierhin, dahin, dorthin mit unseren Ideen, Sprüngen und Abschweifungen, auch manchmal kreuz-und-quer. Oder doch besser mit einer festen Struktur: das kommt, dann das, dann das, mit Überschriften vielleicht, festen Kapiteln …

Erstens ist es deine Entscheidung, und zweitens würde ich sagen, es so zu lassen. Du behandelst den Begriff Struktur immer als etwas, das einer Sache nicht innewohnt, sondern was ihr erst verliehen werden muss. Ich bin der Meinung, dass es nichts ohne Struktur gibt. Versuche mal etwas Unstrukturiertes zu tun – selbst aus unserem Gespräch kann man doch heute alles machen. Jage es durch den Computer, er wird dir wunderbare Strukturen eröffnen. Du könntest ein Kirchenfenster im Kölner Dom damit gestalten. *(Lachen)*

Ja, so heterogen wie die Fenster dieser Kirche.

Nein, nicht heterogen, es passt ganz wunderbar. Wenn du den Dom betrittst – auf der rechten Seite werden wunderbare Lichtreflexe in den Dom geworfen, das hat etwas richtig Erhabenes, als wäre es ein Naturereignis.

Gibt es noch etwas, was dich persönlich an Fragestellungen oder Themen interessieren würde für dieses Buch? Etwas über Freunde, Feinde, etwas ganz Gehässiges, Spektakuläres? Damit richtig Aufsehen erregt wird, vielleicht sogar ein Skandal? Das erhöht die allgemeine Aufmerksamkeit und den Profit um ein Erhebliches.

Im Moment bin ich nur an meiner Arbeit interessiert.

Oder Fragen an mich: Warum ich hier sitze – die Grundfrage überhaupt!

Diese Frage kann doch ich nicht stellen! Du hast mich gefragt, ob du ein Gespräch mit mir führen kannst. Das ist mir Grund genug. Außerdem wäre ich am spektakulär Skandalösen nicht interessiert – soweit müsstest du mich kennen.

Ich kann diese Frage nicht richtig beantworten, weil ich noch nicht einmal das Ende weiß. Für wen soll das Buch sein, wo wird es veröffentlicht, wie wird es präsentiert? Ich höre jetzt vom Musica Mundana Musikverlag, dass es zu deinem Geburtstag erscheinen soll.

Ich denke jedenfalls, unser Gespräch soll sich nicht vorwiegend an ein Fachpublikum wenden, das dich kennt, das sich in den Nischen klassischer oder sogar Neuer Musik bewegt, aufhält. Sondern es soll auch anderen Menschen zeigen, dass es andere Menschen gibt, die anders leben, anders denken. Vielleicht ganz antiquiert, tatsächlich, abgewandt von Mode und Mainstream, mit einer Sprache vielleicht, die sie manchmal weniger verstehen, mit einer Thematik, die weit weg vom täglichen Leben und seinen Schwierigkeiten und Problemen sein mag.

Du bist in manchen Teilen der Gesellschaft, was die klassische Musik und das Opern- wie Konzertwesen betrifft, ein sehr anerkannter und geschätzter Künstler, sogar weltweit. Ein richtiger Star. Doch lass uns ein Buch für Normalsterbliche machen. Für solche, die zwar an Musik interessiert sind, sich aber nicht auskennen. Denen auch das abstrakte Denken und Kunst allgemein fremd sind. Ich denke, es lohnt sich in vieler Hinsicht, dich kennen zu lernen, deine Art des Sprechens, des Denkens, das Schöpferische und Gestaltende allgemein.

Gerade die Jugend hat mittlerweile m.E. wieder ein großes Bedürfnis nach Denken, Nachdenken, gelebter Geschichte und Hintergrund allgemein. Eine oberflächlich nur auf kurze Mails und Mitteilungen reduzierte Kommunikation – sie reicht einfach nicht mehr aus, um sinnvoll schaffen und leben zu können.
Ein Buch für Normalsterbliche, dass es noch etwas anderes gibt als Dschungel-Camps, Rauschnächte mit ONS, anderen Betäubungen und ablenkender Unterhaltung. Dass es noch Menschen gibt, die sich über den Sinn von Kunst, über zeitgenössische Musik und über Sinn allgemein verständigen wollen. Das Buch sollte also kein Fachbuch nur für Wissende sein, sondern für jedermann. Vielleicht ist das zu viel verlangt, aber versuchen wir es.

Unser erstes Buch – es hat mich sehr fasziniert und ich konnte sogar auf seine hermetischen Stellen eingehen, sie verstehen, wie umgekehrt du auch. Diese Ebene des Sprechens und delirierenden Denkens wollte ich jetzt eher vermeiden, um ein neues Lesepublikum nicht zu verschrecken.

(Pause, Schweigen)

Deine „Tutuguri"-Komposition gestern Abend in der Berliner Philharmonie war wirklich überwältigend für uns alle. Ich weiß nicht, ob du Rückmeldungen willst, Feedback?

Immer mal wieder, ja.

Besser nicht?

Doch.

Es bleibt die Frage nur, welche Art von Rückmeldung ich geben soll. Meist empfehle ich befreundeten Musikern, keine Kritiken zu lesen oder sich zumindest die Kritiker anzusehen, ob sie gut, glaubwürdig, wohlmeinend und kompetent sind. Ob ihr Urteil einen weiterbringt. Es wird so viel Kontraproduktives geschrieben, behauptet, gefaselt. Ich habe wegen diesem Zwiespalt sogar das Rezensieren in Tageszeitungen fast ganz aufgegeben.

Wieso?

Ich konnte es einfach nicht mehr. Alles wird so relativ. Ich finde etwas schlecht, und die Leute sind so begeistert und umgekehrt. Ich bin in einem Rockkonzert in den hinteren Rängen mit Ohrstöpsel. Vor mir tobt und wütet eine Band, die Leute jubeln. Was für ein schreckliches Konzert, stelle ich fest. Und das soll ich tags drauf in der Zeitung schreiben? Schlechte Texte, schlechte und schlecht gespielte Musik. Dass ihr zu dumm wart, dies zu erkennen? Dass ihr euch falsch gefreut habt auf und über ein solches Konzert? Kann es das geben: falsche Gefühle? Nein. Also lasse ich besser alles.

Nun gut, aber weiter mit „Tutuguri". – Die erste Bewährungsprobe im Konzert bei deinem Werk war: Wieviele Leute kommen? – Die Philharmonie war voll! Die zweite Bewährungsprobe: Nach dem ersten Teil und der Pause, wo nur noch ein reines Schlagzeugstück für sechs Solisten gespielt wurde, sind auch alle geblieben! Bei dieser übermächtigen Komposition habe ich mich gefragt: Wie wird er wohl den Schluss machen? Was kommt? Wie schafft er das? Wie kriegt er die Kurve?

Nein, alles spitzt sich am Ende sogar noch weiter zu, geht in die Antithese, schließt mit einem weinerlichen Wimmern und Wehklagen des Sprechers, der ganz alleine bleibt.
Auch die Reduktion auf das Schlagzeug nach der Pause fand ich gut. Es hat sich befreit, nur noch alleine stand es jetzt im Mittelpunkt, brauchte sich nicht mehr gegen einen riesigen Orchesterapparat durchzusetzen,

Nur noch der Schlag selber, der Impuls bleibt am Schluss wirksam. Auch die Idee der asymmetrischen Form, dieses eigentümliche Formbild, was ich immer noch sehr liebe.

Zwei Drittel gegen ein Drittel im Aufbau –

Die Reduktion nur auf den Schlag im letzten Teil habe ich letztlich empfunden als eine Vergrößerung des ästhetischen Ambitus. Es ist zwar vorher von der Ereignisdichte her gesehen mehr los, aber jetzt wird es dringlicher.

Der Dirigent Daniel Harding hat mir gut gefallen. Bei der Probe konnte man ihn besser beobachten, näher, auch als Mensch. Er hat alles im Griff gehabt, gut gehört.

Ein ganz wunderbarer Dirigent, auch mit einer großen Zukunft.

Etwas war für mich neu, ich muss danach fragen. Da sitzt jetzt jemand mit der Partitur auch im Orchester drin oder wie? Wer war das und wozu?

Wo?

Ganz links im Orchester. Ich hatte das Gefühl, da sitzt einer hinten und hat eine Partitur vor sich, oder?

Der war da, um die Bänder zu fahren oder, wie man heute sagt, einzuspielen.

Ich dachte schon wie im Sprechtheater, da sitzen auch welche unten im Graben. Für diese Art von Musik ist so etwas notwendig.

Nein, kein Souffleur. Er hat die Einsätze für die Tonbandeinspielungen synchronisiert. Heute macht man das ja nicht mehr mit Bändern, sondern mittels Einspielungen. Was ja sehr wichtig ist.

Ich dachte, schaut der jetzt, ob die Noten alle richtig gespielt sind?
Hallo, was für eine wunderbar schlecht bezahlte Aufgabe! Das wäre ja wohl das Allerneueste. Bei der Probe hat er sich nämlich beim Dirigenten gemeldet wegen irgendwas. Na ja, es hat mich schon beschäftigt, dieser neue Co-Dirigent mitten im Orchester.

Nein, kein Coach. *(Lachen)*

Im Stück hat mir diese Kraft der Musik, auch die Art der Komposition gefallen, das Fragmentarische, fast schon Aphoristische, Zerstückelte. Da ist alles drin von Vergangenheit und vielleicht sogar Zukunft, das ganz Ruhige, eine schöne Stille, dann aber auch das plötzlich ganz Andere.
Waren das Fundstücke von hier und da und dort?

Kunst antwortet immer auf Kunst. Ein Buch antwortet auf Bücher, ein Bild auf Bilder, Musikstücke auf Musik.

Auch die Instrumentation war super gut gemacht. All diese Instrumente und Orchestergruppen zusammenzukriegen. Die Behandlung des Schlagzeugs, die vielen verschiedenen Möglichkeiten, mit den einzelnen Instrumenten umzugehen, sie einzusetzen. Jetzt drücken manche nur noch einen Knopf, und du hast schon dein Es-Dur nach As transponiert oder umgekehrt.

So geht es halt eben nicht. – Schlagzeug hat mich immer fasziniert. Nicht weil es so viele Möglichkeiten gibt, sondern weil fünf oder sechs Leute die gleichen Instrumente spielen.
Ich fand Fülle in der Monochromie immer besonders attraktiv, weil so eine ganz besondere Variabilität auch des Rhythmischen möglich wird. Man hört im Grunde ein Instrument, wie es nie spielbar ist, weil eigentlich zwölf Hände dafür notwendig wären.

Es ist tatsächlich das erste Stück, habe ich gedacht, das einen direkten und richtig wunderbaren Anschluss im Sinne einer Weiterführung an Strawinskys „Sacre" findet. Ob du das nun hören willst oder auch nicht.

Für mich ist es enorm ehrenvoll, wenn du es so empfindest. Natürlich wollte ich auch so etwas: Strawinsky mit dem Missing Link Varèse.

An was schließt du mehr an, Strawinsky oder Varèse? Bei mir ist klar: Strawinskys Musik war eine Ausdrucksmusik von innen heraus. Bei Varèse bin ich nicht so sicher: War es mehr Experiment mit den Klängen, was kommt dabei heraus? Der Künstler ist überrascht schließlich vom Ergebnis –

Nein, ich glaube, Varèse war noch emotionaler als Strawinsky in seinem Komponieren. Und er hat im Grunde seine ganze Lebenszeit lang gewisse Strawinsky-Schocks bearbeitet. Das kannst du ja verfolgen bis in motivische Ähnlichkeiten. Schon in seinem Werk „Arcana", da denkst du, du bist mittendrin in einem „Feuervogel"-Tanz. Oder das vielmalige Anfangen mit Solo-Holzbläsern, das ist eigentlich ein Weiterdenken des „Sacre"-Beginns mit dem Solo-Fagott. „Amériques" beginnt mit der Altflöte, und viele Ensemblewerke beginnen mit solistischen Bläsersignalen.

Dieses Abarbeiten an einem wirklich hinreißenden Erlebnis hat bei Varèse einerseits zu einer Komponier-Hemmung geführt. Er hat Jahrzehnte lang gar nichts mehr machen können aus einer Depression heraus, über die sich auszulassen uns nicht zusteht. Anderseits hat dies aber auch zu einer eigenen und völlig neuen Auseinandersetzungs-Sprache geführt. Das hat mich immer sehr fasziniert. Das Denken an einem zu bewältigenden Erlebnis entlang und dennoch das Finden des Eigenen.
Bei Busoni, der für Varèse auch sehr wichtig war in seiner Berliner Zeit und später dann auch durch die Lektüre des „Entwurfs einer neuen Ästhetik der Tonkunst" – Busoni arbeitet sich oft an historischen Materialien ab und findet da zu einer ganz eigenen Harmonik, zu einer eigenen Formsprache,

Was mir in deinem „Tutuguri" aufgefallen ist – es sind Splitter, Erinnerungen drin, fast wörtlich ...

... von sich selbst

... und auch von anderen. Strawinsky immer wieder, es blitzt etwas auf von früher, und das gefällt mir sehr.

Ich kann das gar nicht mehr so genau beurteilen, denn es ist doch schon über 35 Jahre her, 1980 begonnen, 1982 abgeschlossen, das ist Mozarts gesamte Lebenszeit. Ich stehe der Sache natürlich identifikativ gegenüber, aber doch als einem eher fremdartigen Gewächs.

Fremd geworden?

Nein, fremdartig.

☙❧

Entdeckst du auch Phasen in deiner Entwicklung?

Natürlich. Aber ich würde das nie bürokratisch benennen, einordnen ...

Du interessierst dich zur Zeit für den klassizistischen Strawinsky.

Ja, es gab eine Phase, wo ich mich ganz stark für ihn interessiert habe. In letzter Zeit hat es auch wieder etwas nachgelassen. Werke wie „Persephon" und die Konzertwerke, das Violinkonzert, die Klavierkonzerte sind mir sehr nahe gekommen und in ihrer ungeheuer reflektierten und erfinderischen technischen Dimension auch sehr lieb geworden.

Ich greife eine Bezeichnung von dir auf: das „Finden des Eigenen" - hast du das gefunden?

Ich weiß es nicht. Das Eigene ist eine Sprachfigur, fast eine Art Metapher für etwas, von dem man plötzlich überrascht feststellt, dass es einem gehört, das zu suchen man unterwegs war und das man nicht kannte. Ich kann jetzt nicht sagen, leider habe ich das Eigene nicht gefunden, denn es sieht so aus – es gibt immer wieder plötzliche Begegnungen auch mit früheren Stücken, wo ich Eigenes sofort wahrnehme und auch mit einer gewissen Beruhigung dort lasse. *(Lachen)*

Warum Beruhigung?

O.k., das gehört dir, sage ich mir, da kannst du es lassen, das musst du nicht noch weiter kultivieren oder womöglich noch ausbauen. Wenn ein Stück relativ erfolgreich war, wird man immer wieder danach gefragt, ob man nicht noch einmal so etwas machen wollte. Das ist mir nach dem „Jakob Lenz" permanent passiert, 1979, also vor „Tutuguri", das war auch bei der „Musik für 3 Streicher" so, die von 1977 ist. Gerade in dieser Frühphase gab es durchaus begeisterte Menschen, die mit der Frage an mich herangetreten sind, wir hätten gerne noch einmal so etwas Ähnliches von Ihnen. Aber wenn ich dann mit Plänen kam, die ich dann hatte, nein, lieber was in die alte Richtung, und dann spürte ich, man möchte schon wieder eine Art Opernszene mit am besten einem an sich selbst zweifelnden irren Künstler oder solche Figuren.

Oder auch nach „Tutuguri": Können Sie uns mal wieder ein solches Schlagzeug-Stück komponieren, womöglich ein Remake von all dem – ich habe immer versucht, schon von meinem Naturell her, nicht weil ich es besser wüsste, die Dinge mit Gegensätzen zu beantworten, meine eigenen Hervorbringungen nicht durch ihre Replik zu petrifizieren, sondern sie ins Gegenteil zu stellen oder sie mit dem Gegenteil zu konfrontieren. Was passiert, wenn jetzt auf „Lenz" ein „Tutuguri" folgt, oder wenn auf die „Musik für 3 Streicher" das Klavier-Trio „Fremde Szenen" folgt – man kann die Fäden spüren, die von einem ins andere führen, aber es ist nicht noch einmal etwas ausgebaut oder womöglich noch „verbessert"; das bleibt so.

Was ist jetzt anders als früher?

Wenn du mit früher „Tutuguri" meinst, das ist ein vitaler Setzungsimpuls gewesen, der meiner jetzigen Person gar nicht entspricht. Ich bin als ein Mitte Sechzigjähriger zwar von einer vitalen Lebensfreude, außerdem mit Krankheitserfahrungen, aber das laute Ich-Sagen und Sich-auf-den-Tisch-Stellen, das ist mir fremd geworden. Es sind jetzt mehr reflexive oder reflektierende Vorgänge, das ist ein Ältergeworden-Sein, das ich aber bejahe und liebe.

Strukturzuwachs hast du das schon einmal genannt.

Ja. Von der ganzen Haltung her ist es etwas anderes. Natürlich habe ich damals auch – wenn ich jetzt ein solches Stück in einer wunderbaren Interpretation höre vor einem vollen Haus, das dann auch jubelt, dass es das hören darf, dann erinnere ich mich natürlich daran, wie das Werk damals durch die Orchesterproben musste. Als es dann auch von den Musikern angenommen war, sie haben es auch sehr gut gespielt damals, dann musste es erstmal durch die Publikums-Schlammschlacht und dann durch die Kritiker-Sümpfe. *(Lachen)*

Ja, warum spielen das die Musiker denn so gern – diese Frage wurde irgendwann einmal sogar als kritischer Impuls verwendet. Ich schreibe zu einfach, meine Musik sei einfach, diese Neue Einfachheit nicht als Lob, sondern es war despektierlich gemeint. Alles sei tonal und deswegen spielen die Musiker es so gern.

Natürlich ist es das nicht! Ich fand es auch lächerlich, daneben zu stehen nach dem Motto „Nicht richtig ist, vielmehr richtig ist" und dann die Gegendarstellung. Ich finde diese Art der Kunstverteidigung durch Künstler immer fürchterlich, letztlich erbärmlich. Die Sache ist so, wie sie ist, und wer das nicht aufnehmen will, dann soll er es halt lassen. Es herrscht ja kein Zwang, es herrscht ja keine Kunstakzeptanz-Notwendigkeit. Man hätte das zwar gern, aber wenn's halt nicht ist, dann ist es nicht. Und wenn ich dieses Werk jetzt so großartig gespielt erlebe, dann schließen sich Wunden: Ich gestehe es ganz offen.

Was glaubst du, wie viele Feinde, Neider, Besserwisser du hast –

Natürlich.

Du stehst in dieser Stadt Donaueschingen als junger Komponist, zusammen mit so vielen anderen, die sich durchsetzen wollen, die einen Neid gegen dich entwickeln immer schon – ganz schön schwierig, in diesem Karpfenteich schwimmen zu können. Ähnlich ging es ja auch mir als Rezensent. Da gibt es die Meister-Kritiker der großen Tageszeitungen, die sich in der Besserwisserei gegenseitig die Show stehlen wollen und so fort – überall dasselbe.
Du darfst dich um niemanden mehr kümmern.

Das ist allerdings ein Ausschließlichkeits-Denken, das ich nicht habe. Ich bin von der Natur her ein freundlicher Mensch, der gern auf Menschen zugeht, ich ziere mich nicht. Dieses Sich-Abschließen mit finsterer Miene habe ich auch immer als eine Art Habitus-Gymnastik empfunden für diejenigen, die es nötig haben.
Ich musste es nicht. Trotzdem weiß ich natürlich, wovon du sprichst. Das spüre ich ja auch, physisch, das teilt sich mir mit. Das merke ich ja auch, wie Dinge aufgenommen werden. Manchmal sind es nur einfache Worte, die mich dann so zitieren, dass es falsch sein muss. So dass alles einen Beiklang bekommt, den es so nie hatte. Es sind aber Dinge, die ständig stattfinden. Man braucht schon gar keine Interviews mehr zu fälschen. Sie werden eh gelesen, wie's einem beliebt. Das sind Dinge, denen andere aber auch ausgesetzt sind und es ist kein Alleinstellungsmerkmal, wie man so schön sagt.

Mir waren Festspiele, egal ob in Donaueschingen, Bayreuth oder Salzburg, immer eine Qual. Ich habe mich abseits gehalten und nie antichambriert, wie man so schön sagt. Später haben die Künstler dann bei mir antichambriert, um einen guten Artikel zu erhalten.

Da muss man durch! Für mich als Komponist waren das immer richtige Stahlbäder, durch die ich durchgehe. Das Beworfenwerden mit Meinungen … Ich bin dann ja auch immer lebend rausgekommen.

Ich könnte dir auch andere Geschichten erzählen, etwa mein erstes Interview überhaupt mit Ivan Nagel, damals Intendant der Stuttgarter Staatstheater. Mein Fotograf, der mich lange Zeit begleitet hatte, Krishna Lahoti, ist vor Angst und Lampenfieber fast gestorben. Nach einer halben Stunde Gespräch geht die Tür auf und Nagels Sekretärin verkündet, dass die bemessene Zeit bereits abgelaufen sei. Und ich wurde rauskomplimentiert und war frustriert. Das Verhältnis von Kunstbetrieb und Presse, von Öffentlichkeit und Pressearbeit ist ganz schön angespannt und kompliziert. Es steht auch viel auf dem Spiel.

Eigentlich eine Komödienszene. Könnte in einem Stück von Thomas Bernhard vorkommen, auf Salzburg bezogen.

Die Kontakte und die Zusammenarbeit später mit dem Orchesterleiter der Stuttgarter Staatsoper, Dennis Russell Davies, war bedeutend unkomplizierter. Er ist Amerikaner, sah anfänglich mit seinen langen Haaren wie ein vergessener Hippie aus und war ein sehr umgänglicher und netter Typ. Er hat viel für die deutschamerikanische Begegnung und den interkontinentalen musikalischen Kulturaustausch erreicht. Ich habe über ihn etliche mir unbekannte Komponisten aus den USA kennengelernt. Auch ein neues Publikum hat er in die Oper gelockt. Ich mochte ihn sehr gern.

ℰ☏

Reden wir über das Hören von Musik. Helmut Lachenmann stellt, darin ganz in der Adorno-Nachfolge, unser Hören, unser Hörverhalten radikal in Frage. Irgendwie sieht er es als „entfremdet" an, als gesteuert, manipuliert von fremden Mächten, denen er, ich nenne es nun einmal so, um nicht zu schnell ins Politische abzudriften, Steuerung, Manipulation, Fehl-Leitung vorwirft. In meinem Gespräch mit ihm in Leonberg bekennt er sich dazu, provozieren zu wollen. Man soll über sein eigenes Hören nachdenken, er will darüber aufklären: „Gute Musik zwingt einen, neu und innovativ zu hören, schärfer sich zu konzentrieren, sich zu verändern", sagt er.

Ich verstehe ihn sofort. Trotzdem empfinde ich völlig anders.
Kunst, die „zwingt", ist für mich ein Widerspruch in sich. Selbstverständlich gibt es in jedem Kunstwerk zwingende Details – zu diesen aber verhalten sich die Individuen nicht gleichgeschaltet, sondern ein jegliches nach seiner Art.
„Gute Musik" ermöglicht die unabsehbare Fülle der Annäherungsmöglichkeiten, niemals ist ein Werk durch eine einzige Interpretation erschöpfend dargestellt. Außerdem kann Hören – das glaube ich wirklich – nicht selbst innovativ sein. Der physiologische Wahrnehmungsvorgang ist für sich schon nicht normierbar. Er ist ständig gefährdet, sehr störanfällig.

Das Nachdenken über das eigene Hören kann aber zu der Erkenntnis führen, dass wir als erstes unser eigenes Hören hören. Bevor durch unser Hören etwas durchdringt, das wir wahrnehmen können, bedarf es eines Bewusst-Werdens, dass unser Hören das Gehörte wertend färbt. Wir sind ständig konfrontiert mit der Möglichkeit des Scheins, des scheinhaften Aufscheinens. Sicher ist es wichtig, den Wahrnehmungsvorgang zu konzentrieren, aber das sagt noch nichts über die Qualität des Wahrgenommenen. „Schlechtes" muss eben so wahrgenommen werden wie „Gutes".

Komponieren sei ein Akt der Befreiung, des Widerstandes, sagt Lachenmann.

So kann man es sehen. Wovon ich mich befreie und wogegen der Widerstand gerichtet ist, das ist allerdings die entscheidende Frage. Denn beides, Befreiung und Widerstand, sind zunächst ja keine absoluten Werte, so sympathisch und positiv besetzt der Klang dieser Begriffe tönt.

Reden wir von weiteren Theorien über das musikalische Hören. Bleiben wir bei deinem „Tutuguri"-Stück, weil ich gerade so drin bin. Eine dieser Theorien fand ich ziemlich einleuchtend, wenn sie vom rational-analytischen, vom emotionalen, vom assoziativ-bildhaften und vom rhythmisch-motorischen Musikhören spricht.

Zu Mozarts Zeit hätte man analytisch-rational gehört, auf die Kadenzen, Modulationen, die Bewegung der Harmonien und so fort geachtet. In der Romantik habe sich das noch mehr vertieft, wobei zum analytischen jetzt auch noch das emotionale und das bildhaft-assoziative Hören intensiv oder sogar fast übermächtig dazugekommen sei. Das motorische Hören ist gegenwärtig in der Rockmusik oder auch in den archaischen Kulturen vorherrschend, die Dominanz des Rhythmus. – Wie hörst du Musik, deine Musik und auch andere Musik?

Ich höre schon das Prozessuale, das von hier nach dort geht. Das kann man am Anfang von „Tutuguri" auch sehr gut verfolgen, da sind ja nur sehr kleine Inseln, die aus Streicher-Akkorden bestehen (*Rihm zitiert die Rhythmen*), ein ganz ferner Schlag, plötzlicher Ausbruch, lange Pausen dazwischen.
Das höre ich nicht so: aha, ein Ereignis, jetzt eine Pause, sondern ich höre: Sender (*Schlag*), Empfänger (*wieder rhythmischer Schlag*), also etwas Losgeschicktes, seine Ankunft und Konfrontation mit etwas anderem und daraus wieder ein Abgeschickt-Werden.

Ich höre sehr stark melodisch, im Grunde auch bei der Abwesenheit von Melos. Ich höre auch perkussive Ereignisse immer, als wären das melodische Bestandteile, als wäre dadrin, ich darf das jetzt einmal so nennen, ein großer Gesang. Mir ist diese Mozartsche Idee vom „Filo" sehr nahe. Dass ein Stück beginnt, ich glaube, es war der alte Mozart, der seinem Sohn immer gesagt hat, „vergiss den Filo nicht", dass ein Stück also beginnt und dann, von diesem Beginnen an, einen Faden spinnt bis an ein Ende.
Und die Stelle aus einem Brief von Wagner an Liszt, wo er schreibt, „den Faden spinnen bis er ausgesponnen", und zwar auf die Bemerkung hin, jetzt will er nur noch Sinfonien schreiben, einsätzige Sinfonien, kein Musiktheater mehr, die ist schön doppeldeutig. Das heißt, so lange ich noch den Faden habe, dann spinne ich ihn, so lange ich kann.

Auch die Formidee, einen melodischen Faden so lange auszuspinnen, bis er ausgesponnen ist, die Übertragung der unendlichen Melodie letztlich in eine instrumentale Form, die nicht einer gesanglichen Emanation entspringt – da steht ja kein Mensch, der singt, sondern es ist im übertragenen Sinn ein transpersonales, ein überpersonales Singen gemeint – , die Idee folgt diesem Bild.

Auch immer sehr horizontal. Für mich sind Schläge niemals nur Punkte. Sie sind immer auch Auslöser von etwas, das irgendwo ankommt und reflektiert wird wie ein Lichtblitz, der irgendwoher einen Reflex bekommt.
Das sind im letzten Teil des Werkes rhythmische Energien, die ich ganz physisch vom Zwerchfell her spüre, als wäre ich als Hörer letztlich die Trommel, auf der die Musik spielt. Die Membran.

Der Sprecher hat ja tatsächlich auch als eine seiner letzten Aktionen auf seine Brust getrommelt ganz am Schluss.

Es scheint im Rhythmus ein Gleichmaß zu sein, aber immer ist dieser Rhythmus irritiert. Alles, was nur mechanisch ist, davor habe ich entweder Angst oder ich verachte es; wahrscheinlich beides.

Wie passen dann diese langen Ostinato-Stellen damit zusammen? Sie sind doch auch etwas Mechanisches?

Ein Ostinato enthält bei mir immer die Möglichkeit des Absturzes, des Pulsverlustes. Es ist nie die Sicherheit, so, da sind wir jetzt angekommen, da bleiben wir drin, sondern es ist immer der Ausdruck des Randes, an den Rand gekommen sein, jetzt ist der Absturz möglich, jederzeit, und es gibt keine Sicherheit, im Gegenteil.

Wie das Leben, seine Dynamik.

Nein, für mich ist es das Gegenteil von Leben, denn es ist etwas Künstliches. Aber es handelt von etwas metaphorisch Organischem. Für mich sind Ostinato-Rhythmen etwas sehr Vitales, Kräftiges, Energie Vermittelndes, aber auf einer metaphorischen Ebene.

Einige Musiker haben in der Probe an manchen Stellen, wenn die Ostinati vorkommen, sogar angefangen mitzuschwingen, fast wie beim Tanzen.

Ja, o.k. Das ist schön, gut, einverstanden. Es hat was mit Lebensenergie zu tun, absolut, aber genau an diesem Punkt jetzt wird man damit konfrontiert, dass man da nicht bleiben kann. Denn es ist letztlich eine vorweggenommene Todeserfahrung, letztlich eine Erfahrung, das erreicht zu haben, wo es kein Weiterreichen gibt. Die Möglichkeit des Sturzes nämlich. Deshalb bin ich auch nie durch Techno-Musik oder so etwas erreichbar, das ist mir alles viel zu mechanisch und letztlich viel zu abgezirkelt. Ich spüre immer, dass da drin eigentlich die Vernichtung lauert.

Ein Todesgedanke.

Ja, der Todesgedanke.

Dann ist aber gerade der letzte Teil von „Tutuguri" ein ganz verzweifelter Teil.

(laut) Absolut, es ist ja auch die „Schwarze Sonne"!

Die Musik betäubt einen geradezu.

Mich auch.

Man kommt in ein Delirium, aber das macht nichts.

Nein, das ist gut so.

ಸಂ

Ich habe immer wieder darüber nachdenken müssen, warum deine Musik doch so anders klingt. Vielleicht hängt es mit der eben beschriebenen Heterogenität zusammen, dass du gern dich in Gegensätzen kompositorisch fortbewegst.
Es gibt ein Stück von Stockhausen, das mir gefällt, „Gruppen" für drei Orchester gleichzeitig, unterschiedlich im Raum platziert. Trotzdem klingt es so ganz anders als bei dir. Mir ist diese Musik fremder, vielleicht auch, weil sie abstrakter ist. Bei dir hingegen ist eine Seele dahinter.

Das kann sein. Ich freue mich, dass du das so empfindest, aber es ist nicht jetzt so, dass ich sagen würde, da muss eine Seele rein.

Die Erfahrungen, die Lern-Erfahrungen bei Stockhausen verarbeitest du zwar auch, auch alle möglichen anderen Erfahrungen, mit denen man in Kontakt gekommen ist beim Komponieren, aber trotzdem ist deine Musiksprache immer wieder anders. Zum Beispiel plötzlich die lang ausgehaltene leere Quinte in „Tutuguri", ewig, schön lang, leer, hohl, mittelalterlich, wunderschön. Dann füllt sie sich, es kommt etwas rein, Melodiefloskeln, Klangballungen, Eruptionen drängen sich wieder auf und stören diese Ruhe. Und immer wieder kommt etwas Neues.

Wie schaffst du das, zwei Stunden moderne Klassik zu komponieren, Neue Musik? Schaff ich das überhaupt als Hörer, habe ich mich vor der Aufführung gefragt und Frau und Sohn erstmal in die Generalprobe geschickt, ob das Werk ihnen überhaupt gefällt.

Schafft es uns? *(Lachen)*

Doch, wir haben es geschafft. Mein Sohn fand das Stück sogar besser als Klassik. Die Jugend hört also schon anders, was für eine Erfahrung. Klassik ist ihm in den ruhigen Sätzen zu langweilig.

(*Gerührt*) Das ist jedoch gerade das, wonach ich heute Sehnsucht entwickle. Sehnsucht nach der ruhigen Entfaltung von Melos auf kleinstem Raum, das ist das, was mich jetzt grade bewegt.

Das ist doch ein schönes Zeichen für die Zukunft! Wenn die Jugend die Musik so hört. –
Text als Hilfe – wie hast du gesagt? Es sei immer ein Faden drin, Melos, und dann kommt manchmal auch Text dazu und du interpretierst den Text nicht, sondern du nimmst ihn als Material. Auch und gerade in „Tutuguri".

Das alles muss in eine tobende Ordnung gebracht werden, heißt es ja bei Artaud. Ich fand diese Bezeichnung immer so wunderbar. Weil es so herrlich kontradiktorisch ist, jemand, der nach Ordnung schreit, will, dass sie tobt. Und jeder, der das Toben sucht, will, dass es ungeordnet ist. In dieser Gegensätzlichkeit, in dieser Gegenstrebigkeit ist die Sache aufgehoben. In Silben, es gibt Aufnahmen von Artaud, wo er sie krächzt wie ein Rabe, so hat es auch der Sprecher in der Aufführung gemacht, wie ein altes Weib, wie eine Hexe, ein Ungeheuer.

Ich habe an Edvard Munchs „Schrei"-Gemälde gedacht, als ich den Sprecher oben über dem Orchester an der Balustrade stehen und schreien sah. Damit hast du einen wunderbaren Schluss gefunden. Was macht er für einen Schluss, habe ich gerade an dieser Stelle überlegt, wie ein Ende finden in diesem Inferno – nur das klagende Gewimmer eines Menschen bleibt zurück, sehr eindrücklich und bedrückend.

Ich habe in die Partitur geschrieben, dass es wie mit Kinderstimmen sein sollte, mit Luft eingezogen, nach oben.

Wunderschön, verblüffend, ganz toll dieser Schluss. Gratulation, eine ganz neue Idee noch einmal. Das Stück hat also viele, viele Ideen. –
Warum spüre ich dieses deutliche Angesprochen-Werden nicht bei Stockhausen, Ferneyhough, Lachenmann, bei Bussotti, Berio und anderen, wenn ich deren Musik höre?

Ich kann das nicht beantworten – aber ich muss dir widersprechen. Die Genannten sind für mich sehr wichtige und erlebnisreiche Künstler.

Nochmal – wie hörst du? Anscheinend nicht rein analytisch. Die Musik der eben Genannten ist für mich abstrakter Expressionismus, nur nicht bei dir. Vielleicht

sollte man diese Abstraktion eher Konstruktivismus nennen. Manche Tonsetzer wundern sich sogar, welche Musik schließlich erklingt, wenn ihre Partituren interpretiert werden. Sie haben sie vorher gar nicht im Inneren gehört. Es war eine rein künstlerisch gut gesetzte, auch komplexe Struktur. Doch warum klingt es bei dir so anders?
Dadurch sprichst du die Menschen eher an, triffst sie in ihrer Seele.

Wenn es so ist, dann ist es eine Gabe. Das ist keine technische Angelegenheit, nicht das Ergebnis einer Versuchsanordnung. Es ist ein Zuwachs, der sich meines Zutuns entzieht.

Es waren auch ganz viele Menschen da, die damals, vor 35 Jahren, in der Deutschen Oper Berlin die Uraufführung als Ballett erlebt haben. Ich hatte riesiges Glück. Götz Friedrich, der Intendant, wollte nach dem „Jakob Lenz" eine Oper von mir. Da hatte ich vorher aber schon nach Mannheim die Zusage für die „Hamletmaschine" gegeben, die dann auch dort uraufgeführt wurde, und ich sagte ihm offen, ich würde gerne, aber ich kann nicht. Was ich machen könnte, wäre ein Tanztheater.

Ich habe einige Stücke gemacht als Vorstufen 1-4 zu „Tutuguri" für Orchester, die immer noch existieren, und dann kam „Tutuguri 6" für Schlagzeug. Es sollten auch noch die Teile 5 und 7 kommen, aber die habe ich dann nicht mehr geschrieben. Aus diesen Vorstufen habe ich schließlich das Gesamte, wie es jetzt ist, gemacht. Das Glück bestand darin, dass Friedrich tatsächlich ein großzügiger Mensch war, der das alles akzeptiert hat.

Dieses Glück hat sich dann später wiederholt. Man trifft dann immer wieder auf Menschen, die einem im wirklich entscheidenden Moment auch die Treue halten. Peter Ruzicka war Intendant der Hamburger Staatsoper, und die „Eroberung von Mexico" sollte uraufgeführt werden. Der Kompositionsprozess hat bei mir länger gedauert und länger und länger und die Uraufführung musste immer wieder verschoben werden. Dann hat Ruzicka aber das Werk nicht ganz raus aus der Planung geworfen, sondern es wurde „Die Hamletmaschine" gemacht. Dann erst, zwei Jahre später, kam die „Mexico"-Oper zur Aufführung.
Solche „Treuen", würde ich sagen, sind ein Glück.

Womit hängt das zusammen, dass man in einer solchen Glücksspur sich bewegen kann?

Das hängt sicher damit zusammen, dass die Dinge auch eine Eigendynamik haben und sich setzen.

Vielleicht hängt es auch mit Schicksal zusammen, mit einer anderen Struktur, die wir nicht erkennen können.

Ja, mit Schicksal.

ଽଠଓ

Ich habe wieder über deine Sprache nachgedacht. Dass du oft organische Begriffe, Begriffe also aus der Biologie, benützt, um Musik oder dein Komponieren zu bezeichnen. Du sprichst auch oft von „Musik empfangen", von Empfängnis. Was meinst du damit?

Die organische Metaphorik, Metaphern aus dem Bereich des Organischen finde ich sehr treffend, weil für mich Musik damit zu tun hat. Musik ist nicht nur eine technische Zubereitung, eine Art Zurüstung, sondern hat auch mit diesen Bereichen des organischen Wachstums zu tun. Man sucht ja immer, wenn man aufgefordert wird, darüber zu sprechen, auf eine Sprachebene zu gelangen, wo man Sprachbilder mit dem in Deckung bringen kann, was man denkt.

Ich kann mir durchaus vorstellen, dass es für Komponisten zu einer bestimmten Zeit wichtig war, darzustellen, dass sie eigentlich Ingenieure sind. Negativ ausgedrückt, dass sie jetzt basteln, positiv, dass sie konstruieren. Das stammt auch aus den Erfahrungen des Lebens. Meine Erfahrung ist die, dass alles, was ich musikalisch erlebe, ein Äquivalent selbst im Pflanzlichen, in Naturvorgängen hat, auch in physischen Vorgängen, die ich von meinem Körper her kenne. Auch von anderen Körpern, überhaupt von physischer Begegnung.

Es hat viel mit Eros zu tun, viel mit Energiefluss, mit Weitergabe, mit all diesen Dingen. Man sucht ja immer nach Worten. Als ich den Begriff der „Setzung" gebraucht habe, hat das immer auch etwas mit einer Pflanzung zu tun, von einem Einpflanzen. Setzung bedeutet immer, den Samen zu setzen an die Stelle, wo er bitte wachsen möge.

Das sind Sprachbilder, die aus der Schwierigkeit herkommen, dass es für diese Vorgänge eigentlich kein Vokabular gibt in der Musik. Man kann sich nur metaphorisch unterhalten. In einer Art Fachsprache kann man sich zwar verstecken, wird aber dann nur noch von wenigen verstanden. Aber da ich mit vielen Menschen zusammenkomme, die an Musik interessiert sind und auch ein bisschen wissen möchten, wie sie denn so funktioniert, haben sie wenig davon, wenn ich ihnen in musikalischer Fachterminologie Fachausdrücke auftische. Natürlich könnte ich das auch machen, aber die analogen Felder finde ich interessanter. Aus dem, was ich am Organismus, an Organischem in der Natur beobachte, habe ich immer sehr viel in der Musik wiedergefunden.

Wir haben schon zu Beginn unseres Gesprächs über das Myzel gesprochen, welches ich mit dem Rhizom verglichen habe.

Der Unterschied von Rhizom und Myzel ist vielleicht der: Die Wurzeln gehören einem Pflanzenkörper, der letztlich erkennbar ist, während der Wurzelbereich unerkennbar bleibt. Das Myzel ist selber der Pflanzenkörper. Es ist die Pflanze, der Körper selbst, der Pilz ist das Myzel, was wir erkennen in der Natur. Was da herumsteht, das ist eben der Fruchtstand, der keine sofort sichtbaren Wurzeln hat. Das ist das Lebewesen, das Myzel.

Ich lande immer beim Ameisen- oder Termitenstaat.

Das ist mir eine zu bemühte Metapher, weil es von daher zur Staatsidee relativ schnell geht. Individuum – Organisation – Auslöschung des Individuums usf.

Gut, von der Biologie zur Soziologie – wenn ich als Mensch einen Fußtritt in den Ameisenhaufen mache oder ihn mit irgendwelchen Giften auslösche, dann ist dort die Weltkatastrophe da. Wer war das, warum, wozu? Das wissen die Ameisen nicht.
Und wenn es bei uns einen Fußtritt gibt im Weltall oder auch nur auf unserer Erde mit irgendwelchen seismischen oder klimatischen Katastrophen, tritt dasselbe ein: Wer, warum, wozu? – Wir wissen es nicht. Wie die Ameisen.
Damit will ich nur wieder unterstreichen, dass das Irrationale, welches dem sogenannten Rationalen nicht zugänglich ist oder bleibt, immer um ein Vielfaches größer sein wird als unser sogenanntes Rationales, alle diese unsere Ameisen-Berechnungen und Forschungen und Wissenschaften.

Gut, von daher gesehen, als Befürchtungsfolie –

Nein, keine Befürchtungsfolie. Es hängt bei mir sogar mit Religion, Gottesvorstellung und Theologie zusammen.

Kommen wir noch einmal zum Thema Bewertung, auf das Thema Ästhetik zu sprechen. Du hast gesagt, alles geht, natürlich, aber manches ist furchtbar. Aber beim Studium jetzt deiner Sprache, deiner Aussagen gibst du doch ganz deutlich zu erkennen, was für dich gut oder schlecht ist. Du versuchst dich zwar zu entziehen, aber du sagst beispielsweise, gut ist für dich in der Musik, wenn sie neu, unerwartet, verblüffend ist – das sind für dich gute Werte.
Stehst du dazu?

Da stehe ich gerne dazu, aber es sind Werte, die der Ergänzung bedürfen. Das Unerwartete, das Verblüffende ist ja nur eine rhetorische Floskel, wenn ihm nicht etwas Generatives entsprechen würde, etwas, was eben nicht neu sein kann, sondern einen Bezug zum Anbeginn hat. Das, was sich als neu und unerwartet zeigt, ist eine gewisse Koketterie des Unterhaltsamen in diesem Anreiz-Spiel. Das kann nicht alles sein, es muss ein Bezug, vielleicht sogar ein unbegründbares Grundgefühl da sein, welches mit dem Urbeginn zu tun hat.

Mit dem Samen setzen?

Mit dem Wachstum.
Lass mich zurückkommen auf den vorhin von dir genannten Begriff des Empfangens. Das Empfangen heißt auch, geöffnet sein für etwas, das man nicht ermessen kann. Wenn ich in einem Arbeitsprozess an einem Stück beginne, darf ich nicht diesen Prozess vor allem dadurch ausgestalten, dass ich mir Scheuklappen anlege und nichts anderes mehr wahrnehme, sondern eher das Gegenteil, Sensibilität nämlich, erreiche. Dass der Arbeitsprozess kein Ausschlussverfahren ist, kein Verfahren, wie die Läden dicht machen, das Leben draußen lassen, die Lebens-Geräusche weglassen.

Ich stehe jetzt und mit dir unter einem gewissen Formulierungs-Stress, denn das sind nicht Sachen, über die ich ständig nachdenke. Ich bin in meinem täglichen Erleben und Nachdenken viel einfacher strukturiert, aber es werden oft und auch jetzt wieder Dinge von mir erwartet, die der Lösung des Welträtsels entsprechen. So empfinde ich das. Welcher Künstler kann denn darüber überhaupt sprechen? Es kann doch darüber niemand sprechen. Aus welcher Erfahrung heraus auch? Es wird immer so getan, als könne man darüber sprechen. Man kann aber nicht darüber sprechen. Deshalb macht man ja auch Kunst. Kunst ist eine Form des

Nicht-darüber-sprechen-Könnens in kaschierter Weise: wodurch Unaussprechliches zur Sprache kommt – quasi von selbst.

Offen sein für etwas, das hereinkommt und an mich herantritt und dem ich vielleicht sogar spielerisch begegnen kann und nicht so verknöchert, dass man das Fenster einfach zumachen muss, nur weil ein Geräusch von draußen reinkommt. Ich schäme mich sogar deswegen, aber es ist so. Um das alles sagen zu können, muss ich mich so konzentrieren, dass mich Klingeln und Müllautos jetzt in unserem Gespräch immer wieder rausbringen. Das sollte nicht der Fall sein. Ich sollte darüber schweben. Aber ich schwebe nicht darüber, ich bin auch nur ein Mensch.

Sprechen und das Nicht-sprechen-Können, das ist ja wieder mein Thema. Das gilt nun nicht gerade für dich. Aber dass oft so Vieles unverständlich und unverstehbar, unerklärbar wird. Auch dein Welträtsel ist mir jetzt zu viel, auch da noch darüber nachzudenken. Das überfordert auch mich jetzt.

Lass mich auf diesen Begriff der Überforderung noch zu sprechen kommen. Das „Tutuguri"-Stück hat natürlich auch etwas Überforderndes. Von Überanstrengung, von Über-Reaktion kann gesprochen werden. Wenn ich das Werk jetzt heute wieder höre, dann ist es auch ein Wahnsinns-Behauptungs-Stück so nach dem Motto: Ich – ich –ich!

Schaut her, ich bin's!

Ja. Zweifellos. Das sehe ich heute natürlich kritisch, aber nicht so im Sinne von „Na, junger Mann, das lassen Sie mal lieber". Sondern ich sage: Gottseidank bin ich da durch, ich bin nicht davor zurückgeschreckt. Mein Griechisch-Lehrer hatte eine wunderbare Erklärung für die Kategorie des Maßes: Dass man es nur erfährt, wenn man es einmal überschritten hat. Diejenigen, die vor lauter Temperenz-Gedanken nur immer maßvoll sind, wissen gar nicht, was das Maß ist. Man muss an die Grenze kommen, sie für einen Moment überschritten haben, dann genau wissen, worin die Überschreitung besteht und dann es bewältigen.
Künstlerisch muss man manchmal darübergehen, künstlerisch muss man es in irgendeiner Weise. Das heißt, ich musste eine Maßlosigkeit artikulieren, um in mir und mit der Zeit durch Jahrzehnte hindurch ein Maßbewusstsein überhaupt zu generieren. Ich hatte das nicht. Die Ausschließlichkeit, dieses „Platz da!" ist eigentlich eine unkünstlerische Haltung, aber sie ist nötig für solche Setzungsimpuls-Momente, aus denen dann etwas ganz anderes werden kann und eigentlich auch sollte.

Also Durchsetzungsmomente auch.

Wenn ich angefangen hätte damit, dieses „Tutuguri"-Stück fünfundzwanzig Mal in gleicher Art zu schreiben – das wäre ja gegangen mit anderen Mitteln, irgendwann wäre man Spezialist gewesen dafür. Es gibt ja manche Leute, die Spezialist für nur laute Stücke sind. Es wäre mir manches leichter geworden. Aber ich wollte es nicht.

Es ist gut so, wie es war. Es gibt überall Antithesen, Menschen, Entwicklungen, die Zen-Buddhisten reduzieren alles auf nur das Einfache und Wesentliche –

Das gibt es auch. Ohne das würde mir auch wieder etwas fehlen.

Nein, umgekehrt, dann würde der anderen Seite etwas fehlen.
Immer umgibt einen doch diese rätselhafte Fremdheit. Man versucht, sie aufzulösen mit Sprache, aber es geht einfach nicht. Auch dich wird man nicht immer verstanden haben, auch was das Komponieren betrifft.

Ist es eine Frage der Terminologie, der angebotenen Sprachen?

Nein, es ist nicht das Wissen, im Gegenteil. Das Wissen kann das Sprechen sogar extrem schädigen. Wenn ich mit dir über T/D oder Atonalität geredet hätte, das gäbe doch gar keinen Sinn.

Es würde die Sache verengen. Aber sie für den Moment erleichtern.

Einseitig machen in eine gewisse Richtung und verständlich nur für eine bestimmte Sprachgruppe, auch Lebensform.

ೞCR

Lass uns zum Schluss noch einmal auf die Gefahren zu sprechen kommen, die Lachenmann auch angedeutet hat, wenn er von Entfremdung und Steuerung, von Manipulation redet. Lyotard sagt: „Man kann nicht ohne Risiko denken. Selbst im Konsens-Denken gibt es ein Risiko, sogar ein ganz Schreckliches".
Kann man das auf die Musik übertragen? Kann man ohne Risiko Musik machen? Stichwort missbrauchte Musik, Konsumismus, Nazi-Musik, DDR-Komponisten.

Jede künstlerische Äußerung wird begleitet vom Risiko, missverstanden zu werden. Nun gibt es das unabsichtliche Missverständnis, das meist aus Unkenntnis gespeist ist und das perfide absichtliche Missverstehen, das mit der Unkenntnis und Verständnislosigkeit der Rezipienten rechnet und damit spielt. Das ist natürlich das viel gefährlichere Risiko, weil es mit dem Werk auch zugleich den Autor vernichten will. Wir können aber nicht eine Art vorauseilender Risikolosigkeit etablieren, es sei denn, wir unterlassen die künstlerische Äußerung. Sowie wir uns äußern, stehen wir im Risiko.

Ein Autor, der auf das Riskante seiner Arbeit verweist, sich womöglich dessen rühmt, dass er riskant arbeitet, ein solcher Autor verhält sich tautologisch. Er will Entfremdung von seiner Arbeit fernhalten und trägt dadurch manipulativ zur Entfremdung bei.

Es ist ein Teufelskreis: Wir können nicht Kunst schaffen und gleichzeitig die moralische Höherwertigkeit unserer Arbeit behaupten. Wir würden den ersten Missbrauch an unserem Werk begehen.

Die Kunst moralisch höherwertig? – Lyotard sagt in dem eben angesprochenen Interview mit mir und er bezieht sich dabei auf Kant: „In der Freude am Schönen kann es keine Führung geben".
Da haben wir sie doch wieder, die Alles-geht-Haltung! Hier die großen Sterne und da die kleinen Sternchen, und nur so ist nach Brecht der Nachthimmel erst schön –

Vieles, was geht – weil „alles geht" – geht plötzlich nicht mehr, es bleibt stehen. Deshalb treffen wir immer eine Wahl, die aber nichts festschreibt. Plötzlich geht etwas, das eben nicht mehr ging. Und es geht als scheinbar einzig Gangbares. Genau daraus entsteht Schönheit, und dorthin und darin kann es wirklich keine Führung geben. Nur das freie Spiel bleibt, in dem Rückschläge Formen der Zärtlichkeit sind. Wir suchen Kriterien – aber wir finden Abgründe und Ozeane der Unterscheidung.

Das ist das Menschen-Mögliche.

Ich danke dir sehr für dieses Gespräch, Wolfgang, diese Spur auf der Fläche über unsere Abgründe und Ozeane der Unterscheidung hinweg!

* * *